1日3分の幸せ発見メソッド

自分もまわりも好きになる「ほめ日記」

自己尊重プラクティス協会代表理事
手塚千砂子

青春出版社

10万人が効果を実感した「ほめ日記」とは――プロローグ

自己肯定感が上がる、もっとも簡単なメソッド

ここ数年「自己肯定感」をテーマにした本が、数多く出版されるようになりました。なかにはベストセラーになっているものもあり、それだけ多くの方が自己肯定感を上げたいと思っているのだと、改めて感じています。

私はこれまで自己尊重感、自己肯定感を高めるプログラムを研究、開発し、30年近くかかわってきました。そうしてもっとも効率的に自己肯定感をアップさせる方法にたどりつきました。

それが「ほめ日記」です。テレビやラジオ、雑誌などでも紹介され、10万人の方が実践しており、その数は今も増え続けています。

用意するのはノートとペンだけ。そうして1日を振り返って、その日あった「いいところ」「ほめてあげたいところ」を探して、自分をほめる。

非常にシンプルな方法ですが、実践している人からは、

「以前はすぐに落ち込んでいましたが、気持ちの切り替えが早くなりました」

「苦手だった同僚との人間関係が、驚くほどうまくいくようになりました」

「心に余裕ができたせいか子どもを怒ることがなくなり、家の中が明るくなりました」

といった喜びの声が日々届いています。

「ほめ日記」を続けていると、自分にOKを出せるようになり、自分を好きになっていきます。すると、家族や友人、仕事仲間など、自分の周囲の人にも優しくできるようになり、人間関係もスムーズにいくようになります。

自分をほめているうちに、仕事や子育て、恋愛、結婚生活など、すべてがうまくまわり出す好循環が生まれるのです。

さらに、「ほめ日記」を書いていると、こんな効果も味わえます。

口グセとか、思いグセというのは、誰にでもあると思いますが、あなたの口グセ、思いグセは何でしょうか。

「ほめ日記」を書いている私のブログの読者が、「『幸せだなぁ〜』が口グセになりました」と自身のブログに書いていました。とてもステキなことです。なぜなら、「幸せだ、幸せだ」と言っていると、泉のようにますます心に幸せ感が湧いてくるからです。

「幸せ〜。うれしい。楽しい。すばらしい。ステキ。いいね。ありがたい」などと「ほめ日記」に書いていると、〝いい波動の言葉〟がポンポン出てくるようになります。小さなことでも幸せを感じ、言葉に出し、うれしいと喜ぶようにしていると、いつの間にかプラス言葉の口グセになって、言葉どおりのことが増えてきます。

もう1つ、大事な「ほめ日記」効果があります。それは「人として強く生きる力」を持てることです。

少々のことに挫《くじ》けない強さや、困難に立ち向かう強さを身につけることは、幸せな

人生を生きるために必要なことです。地震などの天災や、新型コロナウイルスの感染拡大というような災難に、私たちはいつ遭遇するか予測できません。どんなときにも、冷静な判断と適切な行動によって、自分や家族を守る力を持ちたいものですね。

「ほめ日記」は、この強さも身につけることができるのです。

「ほめ日記」はただの日記ではありません

私が「ほめ日記」をすすめると、

「日記なら毎日書いています。でも、日記をつけていても何も変わりません」

と言う人が少なからずいらっしゃいます。

毎日欠かさず日記をつけているのは、すばらしいことだと思います。でもそこに書いているのは、グチや反省が中心ではないでしょうか。これは自分の毎日にダメ出しをする「ダメ日記」で、ある意味「ほめ日記」とは真逆のものです。

自分を成長させ、人生を好転させるには、「反省」よりも「ほめる」という方法のほうが効果的なのです。

ここで、「ほめ日記」が生まれた経緯を簡単にお話ししましょう。

人間だけでなく、すべての命は肯定されたときにイキイキし、活性化し、潜在させている力を発揮する——。

このことに気づいた私は、1988年に「ほめ日記」を考案し、独自の自己実現プログラムの一部に組み入れて使っていました。

その後、実践者が増えていく中で、「ほめ日記」のみでも大きな効果があることがわかってきました。その効果は私の予想を大きく上回り、私たちが日常で抱えているストレスや人間関係などの悩みごとの多くが解決し、自己実現の近道になることがわかったのです。

なぜ、それほど効果が上がるのか。

それは、「ほめ日記」によって人生の土台となる意識である「自己肯定感（自己尊重感）」がしっかり表面化し、それにともなって閉じ込められていた肯定的な意識や潜在能力が引き出されるからです。そのうえ、さらに引き出された肯定意識のエネル

ギーが、よりよいものを外から引き寄せるという、ウチとソトのダブルの効果が生まれるからです。

　大地が慈雨を求めるように、命は賛美を求めています。「ほめ日記」は、そんなあなたの命を賛美し、尊重し、〝命に喜びを与える生き方〟の習慣を身につける最良のメソッドです。

「他人」ではなく「自分」をほめることの効果

　日本の社会は長い間「人をほめない社会」でした。外では心にもないお世辞は言っても、職場内や家庭内ではお互いにほめ合うことは少なかったと思います。否定的な言葉で気合いを入れたり、ストイックに自分を責めたりすることを〝よし〟とし、それが成長の原動力になるという考えは、いまだに根強く残っているように思います。

　こうした背景もあって、近年では「ほめることで人間関係が円滑になる」として、「ほめ方」をレクチャーするセミナーや書籍なども好調のようです。

　しかし、「ほめ日記」はそれとも違います。最大の特徴は、「他人」ではなく「自

分」をほめるということです。

私たちの社会には、〝謙遜《けんそん》〟の文化があり、自分や身内をほめてはいけないという風潮がありました。謙遜は人のあり方として〝善い〟ものです。だからといって自分や身内をほめてはいけない、ということにはなりません。

私たちはいつの時代からか、謙遜と、自分を否定することを同義語のように使ってきました。そのため、日本人は自分を責めること、否定することを「いいこと」だと思い込んできました。当然、その反対の「自分や身内をほめること」は「いけないこと」になっていたのです。

「ほめ日記」によって表面化する自己肯定感は、相手を尊大な態度で見下すものとはまったく正反対の意識です。自分の命を尊び、存在を肯定できるからこそ、他の人の命をも尊重し、肯定することができ、敬うことができます。それが〝謙遜〟の心なのです。

「ほめ日記」はまた、自慢とも違います。人に対して自分のことを誇示し、自慢することを奨励しているわけではありません。

自分をほめることに戸惑いや違和感を持つ人は、「ほめ」に対する間違った概念から、ぜひ自由になっていただきたいと思います。

〝自分をほめることはおかしい〟という考えを強く持っていた私たちの社会ですが、2008年に、厚生労働省管轄の自然科学研究機構・生理学研究所は「脳はほめられると喜ぶ」という研究結果を世界に向けて発表しました。大脳の報酬系《ほうしゅうけい》が反応するというのです。

脳は「主語を選ばない」といわれています。

人からほめられると、私たちはうれしいですね。「ほめ言葉」を聞くと、脳は幸せホルモンといわれるオキシトシンやドーパミン、セロトニンなどを増やすそうです。これは心と体を安らげる作用がありますので、増えると心地よい幸福感を得られます。

この脳の反応は、自分で自分をほめても同じなのです。また、自分が誰かをほめても、脳はその「ほめ言葉」に反応するのですから、ほめた自分も心地よくなります。主語が誰であってもいいのですね。

だとしたら、人からほめられるのを待つのではなく、自分で自分をほめる習慣をつけ、常に自分を心地よい状態にすることが、幸せに生きるコツだといえるでしょう。

脳が喜び、心と体が心地よくなると、命に潜在しているいろいろな「よい力や意識」が引き出されますし、また外からも「よいもの」を引き寄せることになります。

＊

「なんだか大変そう」と思われたかもしれませんが、大丈夫。「ほめ日記」は、誰でもすぐに実践できる、とても簡単な方法です。

ただし、「ほめ日記」を続けること、そして効果を上げる書き方をするには、ちょっとしたコツがあります。そんな「ほめ日記」のエッセンスを凝縮してお伝えするのが本書です。

「ほめ日記」で、あなたの中にどんな発見があるか、何がひらめき、何がはじまるか。未来がどう展開するか。

「ほめ日記」で唯一無二のあなた自身を賛美し、人生をいっそう楽しんでいただきたいと思います。

『自分もまわりも好きになる「ほめ日記」』目次

第1章 書くだけで自分を好きになる「ほめ日記」 ―― 基本編

第2章 毎日がどんどんうまくまわり出す「ほめ日記」——上級編

意識レベルをさらに上げるコツ 104

第3章
「ほめ日記」で人生がこんなに変わった！――体験談

第4章 「ほめ日記」へのよくある質問におこたえします ―― Q&A

本文イラスト　富永三紗子
本文デザイン　青木佐和子
本文ＤＴＰ　フジマックオフィス

第1章 ―― 基本編

書くだけで自分を好きになる「ほめ日記」

「ほめ日記」って何？

「ほめ日記」で新しい自分と出会う

自分をほめる「ほめ日記」で、ほめることを探し、自分を認め、ほめ言葉を書くことを繰り返していると、自然に自分のよさが見えてきて、自分をもっと大切にしよう、優しくしようという気持ちが心の中から湧いてくるようになります。

その継続によって、命に潜在している〝自分の命への尊重感〟が自然に目覚めて湧いてきます。

ここが生きていくうえでもっとも大切な点です。あなたの人生はあなたの「命」が生きて歩んでいくのですから、この「自分の命を尊重する意識」は、生きる力の源泉です。もしも自分の命なんかたいしたことはない、どうでもいいと否定的にとらえていたら、生きる力は弱ってきます。

「ほめ日記」は「自分の命を尊ぶ意識」を目覚めさせます。頭での理解ではなく、潜在意識として持っていたものを表面化させるのです。それによって心身の力はみなぎり、命は輝きます。

そうした生きる力の源泉を掘り起こしながら、自分の存在の価値や能力など、自分をありのままに認める「自己肯定感」を上げていくのが「ほめ日記」なのです。

効率よく、しかも深く幅広く自己開発できるメソッドです。

「ほめ日記」を書くことで、23ページにあるように、さまざまな能力や意識、感覚・感性が今まで以上に表面に出てきます。それは「新しい自分に出会う」喜びを増やすことであり、自分の可能性を発見しながら、人生を最高のものにしていく力につながります。

自分の尊さを知り、肯定感が高まると、自分以外の人の尊さがわかり、他の自然の命と共生することの大切さやすべての命のつながりが、理屈ではなく〝心〟でわかります。

自己尊重感を高めながら、同時に自己肯定感を高めるメソッドである「ほめ日記」は、自分だけにとどまらず、周囲へ、社会へ、尊重し認め合う心を広げ、幸せを広げていきます。

書くだけで自己肯定感がアップする！

心地よいこと、うれしいことがあると、脳内の幸せホルモンと呼ばれるオキシトシンやドーパミン、セロトニンなどが増えるといわれています。「ほめ日記」は脳が喜ぶ「ほめ言葉」を毎日書くのですから、幸せホルモンの分泌がよくなり、さらに免疫系や自律神経系の働きがよくなります。

そのうえ、感情のコントロールや集中力、やる気などを司る脳の「前頭前野《ぜんとうぜんや》」（脳の前頭葉《ぜんとうよう》の前の部分）は、セロトニンの活性によって働きがよくなるそうですから、いいことずくめです。

「ほめ日記」が生み出す
脳と命の「喜びの循環」

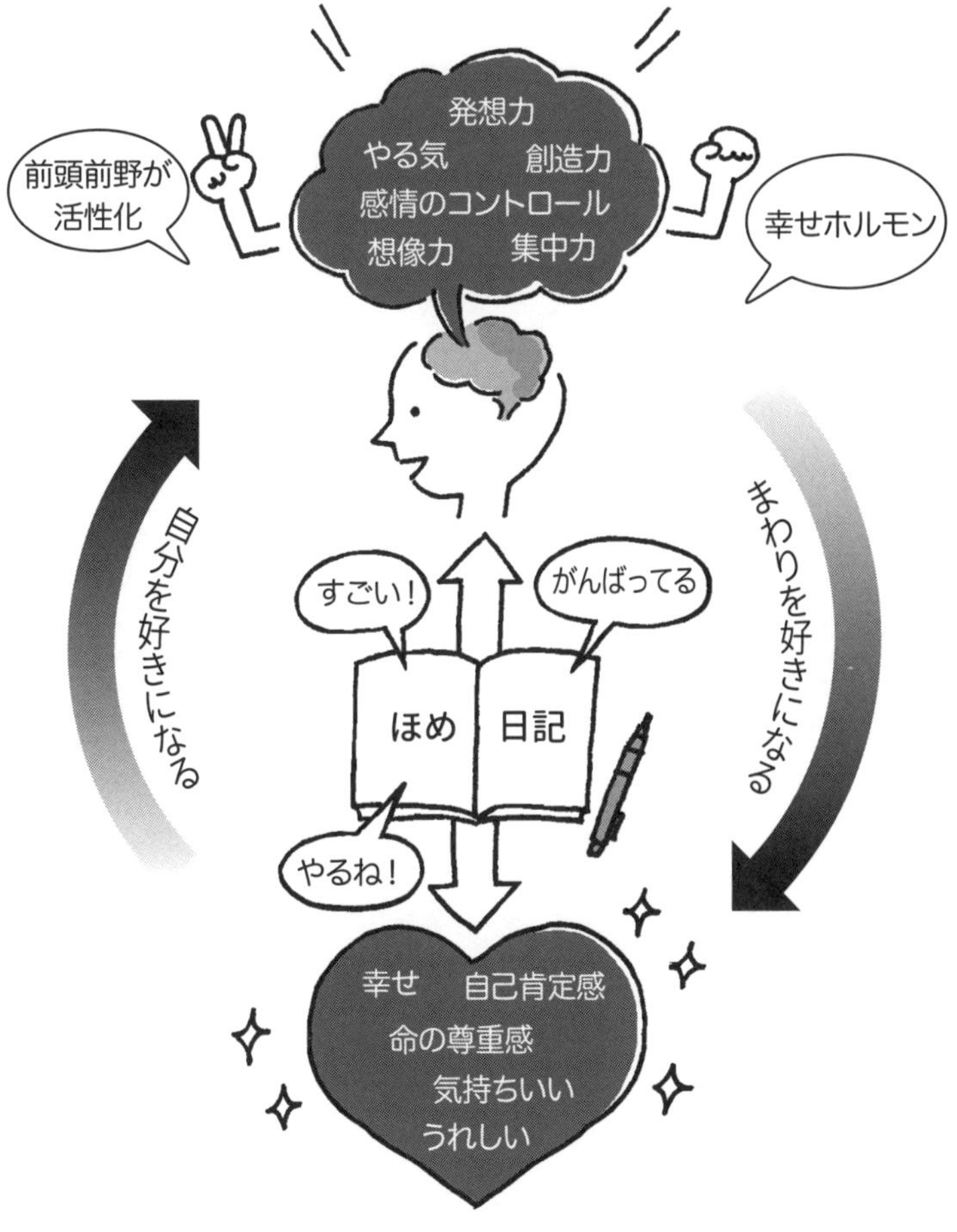

でも、まだあります。

日記のように「手書きで文字を書く」ことは、前頭前野の血流をよくするといわれているのです。「ほめ日記」を書いていくと、脳と心と体にとっていくつものプラスが生まれてくる理由の1つがここにあります。このことが自己の可能性を開くことは言うまでもありません。

遺伝子の観点から見ても、大きなプラス効果を期待できます。

世界的に有名な遺伝子研究の村上和雄博士によると、私たちはなんと90％もの遺伝子を使っていないそうです。しかし、使っていない遺伝子にスイッチを入れて目覚めさせることもできるそうで、それは肯定的な発想や心の持ち方が大きくかかわっているといいます。

自分自身のよさに目を向け、「自分の命を尊び、自分の存在の価値を認める意識」を高めていけば、眠っている遺伝子を目覚めさせる可能性さえ見えてきます。

「ほめ日記」は、自分の内側にもともと持っているチカラを強化し、眠らせている能力を表に出し、「新しい自分に出会うメソッド」であり、マイナス面を改善し、「命に喜びを与える生き方」を身につけるメソッドでもあるのです。

「ほめ日記」は自分の中の宝探し

「ほめ日記」で自己肯定感を高めていくと、自信、自立心、社会への適応力、発想力や企画力など、すぐに生活や仕事に役立つ力がアップするほか、愛、感謝、思いやり、バランス感覚、豊かな感性など、目には見えにくいけれど、人として大切な意識や感覚が、深く豊かになります。

また、マイナス面を改善する力、他の人を尊重する気持ち、人の役に立ちたいという気持ち、共感力など、内面の力が表面化し、コミュニケーション能力も高まります。生きるうえで大切な幸せ感や喜び、希望は泉のように命の中から湧いてきます。

「ほめ日記」はまさに、自分の命の宝探しだと言えます。

「ほめ日記」を書きはじめると、多くの人は「イライラすることが少なくなった」

「人とあまり比較しなくなって、『私は私』という軸ができてきた」「人間関係が良好になった」「ストレスや不安が減った」といった自分の内側からの変化を体験します。「うつ症状が改善した」という話も珍しくありません。

そうした例として、私のブログに寄せられたコメントの中から1つ紹介しましょう。

「私は今、おつきあいしている彼がいるのですが、『ほめ日記』をつけて自分が好きになったおかげか、いつもたくさんほめてもらえて幸せです！

以前の私は、いつも自分に自信がなく自分にも人にも厳しかったので、不満やグチをつきあっている人に言ってしまうことも多くて、愛されていてもどこか不安でした。『ほめ日記』を書いている今は、『私はいいところいっぱいで、愛される価値がある！』と思えているので、彼にほめられたら素直に『ありがとう〜。うれしい！』と言えるし、彼のいいところもいつも口に出してほめてあげられる私になれました（^o^）。

こんな穏やかで温かい関係性が築ける私になれたことに、感動です。

『ほめ日記』は自分磨きにも恋愛にも、バツグンに効果があると実感しています（^^）」

自分の命への尊重感を育てると
効果がいっぱい！

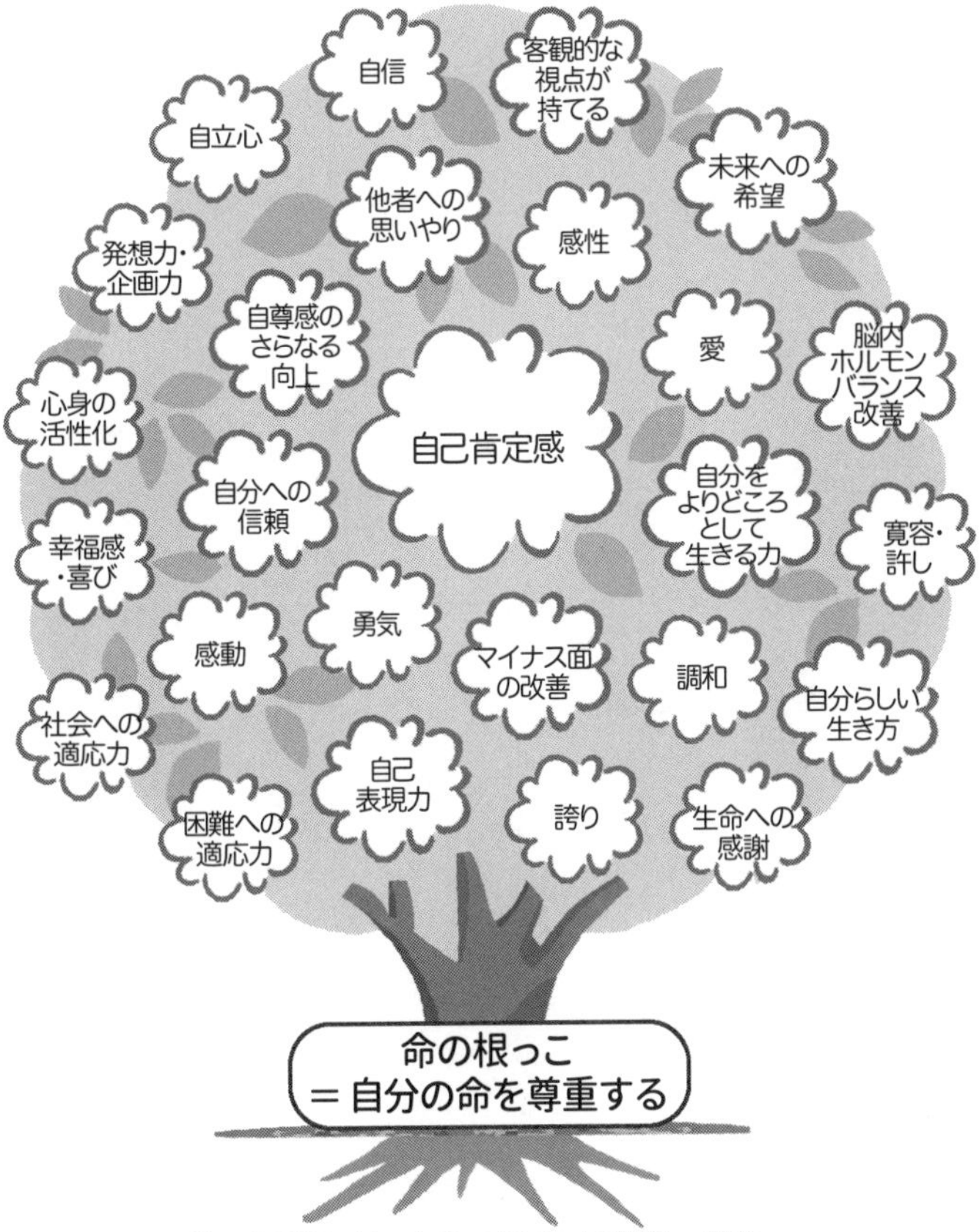

「ほめ日記」は、自分の能力・可能性・愛を
発見し、表面化するワークです。

（れおぽこさん）

人間関係や子育て、結婚・就職など、私たちは多かれ少なかれ悩みや不安を抱えて生きていますが、自分を最大限に活かして生きる力を表面化させられれば、人生はもっと楽しく、いっそう幸せなものになるのです。

困難を乗り越える力が湧いてくる

長い人生のうちには予測しない困難や災害に遭遇することがあります。そんなときにも「ほめ日記」は大いに役に立ちます。

私たちの命には、自分の命を守る力や知恵、勇気、困難を乗り越える強さが、生まれたときから内在しています。

日頃の生活の中ではそれほど必要としない能力も、気がつかないうちに表面に引き出されてきますので、いざというときにひるまず立ち向かうことができるようになるのです。

この原稿を書いている今現在、世界中が新型コロナウイルスの感染拡大という大災難に襲われ、終息していません。

日本では2020年の2月に感染拡大の騒動が発生しました。この原稿を執筆している今（5月）も、まだまだ先行きが見えず、多くの人が生まれてはじめて経験する大きな不安やストレスを味わっています。

緊急事態宣言が出され、私たちは行動が制限され、かなりの自由がなくなるという経験をしました。感染への心配だけでなく、生活や仕事、収入など、まさに命がおびやかされる状況にまで追い込まれた人たちもいます。

こうした中で、私のところには「『ほめ日記』を書いてきてよかった」というメールやコメントなどがたくさん届いています。

「新型コロナウイルスの感染予防による自粛生活で、今は自分にとっても家族にとっても苦しい時期ですが、家族の絆を強めて、いろいろ学ぶことや感じることが多い毎日です。

不安ですぐに押しつぶされていた以前の私には考えられないほど、強い自分を発見しています。『ほめ日記』がなかったら、きっとこんな自分はいなかっただろうと思っています」（茨城県・主婦）

「今まで当たり前のように行けた場所や会えた人たちもいましたが、緊急事態宣言が出てはじめて、それはとてもありがたいことだったと気づきました。今は電話やメール、手紙などで、つながりを大切にしながら過ごしています。

そして、私の家の中はとても明るいです。『ほめ日記』を書いているのは、家族の中で私だけですが、前向きな言葉が自然と増えました。『ほめ日記』と出合う前は、家の中がヒリヒリしていた時期もありました。でも最近、父から『こういう時期だからこそ、心に余裕を持って乗り越えよう』と言われました。

健康に気をつけ、今できることを大事にしていきたいです」（ルルさん・ブログのコメントより）

他にも「不安にとらわれず、前向きに過ごせているのは『ほめ日記』を書いてきたからだと思います」「不安が湧いてきても、自分をほめていると気持ちが落ちつくので、子どもたちと明るく過ごしています」といった声をいただいています。

また、２０１１年の東日本大震災の被災者の方からも、当時、「慌てずに冷静に判断して、逃げることができました。『ほめ日記』を書いていたおかげだと思います」という報告を複数いただきました。

苦難に負けない強さや、どのような場でも冷静に判断する力を持つことは、幸せな人生を送るために必要なパスポートを持つことだと私は思います。

「自分を責める回路」ではなく「ほめる回路」をつくる

「ほめ日記」を書くにあたってもっとも基本的なことは、「ほめ言葉」を使うことです。ほめる出来事を探して〝記録する〟のではなく、ほめる出来事を探して〝ほめる〟のです。

ほめるときには、ほめ言葉を使いますよね。例えば、

「今朝は10分前に出勤できた」

と説明するだけでは、ほめ言葉は使っていません。

「今朝は10分前に出勤できた。えらいぞ」

と書くことで、ほめたことになります。

脳が「ほめられた」とわかるように、ほめ言葉を必ず使ってください。その継続性によって、あなたの脳に「自分をほめる思考の回路」ができてきます。

私はこれを「ほめ回路」と呼び、講演会やセミナーなどでは特に大事なポイントとして皆さんにお話ししています。なぜ大事かというと、プロローグに書いた「命の根幹の意識」をしっかり表面化させるために、必要で不可欠な思考の回路だからです。

「自分をほめたことがないから難しい」「親からほめられたことがないからできない」という人にたまにお会いすることがありますが、ほめ言葉を意識的に使っていれば、自然に脳の思考回路が変わってきます。「ほめ回路」は自分でつくることができるのです。

もしもあなたが、長年にわたって自分を責め続け、嫌い続けていたとしても大丈夫です。後天的につくってしまった「自分を責める回路」は、新しく「ほめ回路」を脳につくることで、だんだん細くなり、自分を責めるクセは出てこなくなります。

「私たちがどう思うかで脳はどんどん配線を変えて、私たちがいつも思っているような脳に変わっていく」

と、医学博士で脳科学者の高田明和《あきかず》さんも著書に書いています。

毎日、自分をほめようと思い、ほめることを探して書いているうちに、脳は自分のプラス面に目を向けて「ほめる回路＝ほめ回路」をつくってくれます。そうなると、今まで自分をほめたことがなかった人も、親からほめられたことがなかった人も、違和感なく、スラスラ書けるようになってきます。

肩に力を入れてがんばらなくても、あなたは自分のよさやプラス面を探して「ほめ日記」を書いていればいいのです。はじめのうちに、書くための努力がちょっというだけです。

書けば書くほど「ほめ回路」は太くなり、それにともなって自己肯定感が高くなり、本来あなたの命が備え持っている潜在意識や能力が表に出てきます。

そしてこの「ほめ回路」は、他の人に対しても同じように働いてくれます。今まで欠点しか見えなかった人のプラス面が見えてきて、気がついたらその人をほめていた、ということも起きてきます。

人のマイナス面を見て不快に思っているより、ずっといいですね。そのことによって、家族関係や職場での人間関係が好転していくケースは多くあります。

自分が選んで使う言葉で脳の回路が変わり、それによって人生をより豊かに幸せに生きることができる――これが私たちの「命」のすばらしい力です。

「ほめ日記」の驚きの効果の数々

では、「ほめ日記」にはどんな効果があるのか、実践している人たちの声をご紹介しましょう。

面接で堂々と自己PRができた！――千葉県・会社員

高校を卒業してから専門学校に行き、その分野で就職はしたものの上司とうまくいかず、長く勤めることができませんでした。辞めてからしばらくひきこもり状態になっていたときに、友人が「ほめ日記」をすすめてくれました。

自分をほめることが楽しくなってきた頃から、また働きたいという意欲が出てきて就職活動をはじめました。面接のときに、自分のことを積極的に堂々とアピールしているのには自分でも驚きました。「ほめ日記」でいつの間にか自己肯定感が育ってきたのだと、実感できました。おかげさまで就職できて「よくやったね」と自分をほめています。

夢だった正社員に！――misakoさん（ブログのコメントより）

昨年の10月に無職となり、絶望していた頃に「ほめ日記」に出合いました。みるみ

る心身の不調が回復し、今月から、夢だった「正社員」としての仕事をはじめること
ができています。いつもへこたれていた私が夢をかなえて今があるのは、間違いなく、
「ほめ日記」の効果です！

仕事がはじまると、やっぱりいろいろと悩みも出てきていて、へこたれる私が
ちょっぴり顔を出すこともありますが、「ほめ日記」だけはずっと続けていきます！
なぜなら、私には、「自己肯定感」が湧いてきているから！
私にはいいところがたくさんある、大丈夫、大丈夫、大丈夫！

夫に気持ちを話せるように ―― 岡山県・コンビニエンスストア店員

結婚して十数年、私は夫の存在がうとましくなってきて、このままでは結婚生活は続けられない――という気持ちになっていました。これといって大きな欠点はないのですが、わかり合えないというか、愛がなくなったというか……。

何かが変わるかも、と思い「ほめ日記」を書きはじめて3週間ほど続けていると、パチンとはじけるように「私が気持ちを伝えていなかった」と気がついたのです。

子どもの頃は親の言いなりで、大人になっても人に合わせるつきあい方しかできず、夫にも自分の意見は控えて、合わせていました。

それでいて「わかってくれない」と不満がたまって爆発寸前だった自分にあきれるやら、笑っちゃうやら。

それから徐々に、自分が思っていたことを話せるようになりました。夫はちゃんと受け止めてくれるし、愛が戻ってきた感じです。

幸福感が増してきた――福岡県・仕事と子育て両立中

仕事も子育ても完璧にやろうとしていたときは、ストレスがいっぱいで、子どもに対しては義務感で育てているという感じでした。

「ストレスの緩和にいいよ」と友人にすすめられたのですが、時間がないし、そんなことはできないと思いましたが、通勤電車の中などで書くようにしたところ、気持ちにゆとりが生まれてきました。

そのうえ時間の使い方がうまくなり、時間的にも余裕ができてきたので、子どもと遊ぶ楽しさやかわいさが増して、幸せな気持ちになることが多くなりました。

子どもに集中力がついた――山口県・主婦

「ほめ日記」を書く一方で、小学校1年生のわが子とお風呂に入りながら、お互い1日を振り返って自分のよかったところを言い合いっこするようになって3カ月。

先日、子どものクラス担任の先生に、「最近ウチの子はどうですか」とお聞きしたところ、「授業中は私の目を見ながら話を聞いていますよ。以前は、隣の席の子にちょっかいばかり出していたのに」とのこと。

年齢的に成長しただけかしらと思いつつも、家で宿題をやるときも集中力が増してきたような気がします。それが「ほめ日記」とお風呂トークをはじめた時期と見事に重なるんです。

社員をほめられるようになった――広島県・会社経営者

もともと人をどうほめたらいいかわからないこともあり、「部下はハッパをかければ、奮起して成長してくれる」という考えを疑わず、今まで貫いてきました。

しかし、「ほめ日記」をはじめてから、無理せず、素直な気持ちで社員をほめたり、励ましたりできるようになりました。社員も、会議などで積極的に意見を出してくれるようになり、以前に比べて社内はとても活気に満ちています。

私の結婚の決断——まるまるさん（ブログのコメントより）

私は東北の沿岸部に暮らしているのですが、先日、東日本大震災から9年目の3・11を迎えました。今ある命を、より大切に愛してほめて、悔いなく生ききろうと気持ちを強くしました。

お1人お1人がそれぞれの思いで迎えた9年目だったと思います。

私の夫は震災の日に、津波で家族を5人亡くしています。私は夫と結婚するときに「亡くなられたご家族も自分の心の家族と思って、その人たちの分までこの命を大切に夫と生きよう」と決めました。「ほめ日記」をはじめて5年目のことです。

「ほめ日記」を書いていなかったら、こういう決断はできなかったと思います。「ほめ日記」で、毎日命があることを心から感謝できる自分になれてよかったです。これからも、自分やまわりの方の命をたくさんほめていきたいと思います。

ここで紹介しているのは、ほんの一部です。人によって「早く変化する面」と「時間がかかる面」がありますので、書きはじめてみて「自分はまだそんな変化はない」と単純に比べて否定的にならないようにしてくださいね。

人のことはあくまでも参考にして、あなた自身の変化を丁寧に見て、ほめて喜ぶようにしましょう。そうすることで効果が上がりやすくなります。

コミュニケーション力までアップする理由

「ほめ日記」の実践によって自己肯定感がアップすると、自然に自己表現力も上がってきます。

人とコミュニケーションをとるうえで、自己表現力というのはとても大切です。

自分の気持ちや意見、言いたいことなどを必要な場でうまく伝えられるかどうかで、人間関係は変わってきます。

自分に自信がなく相手の意見に合わせてばかりいると、不満がたまり人間関係がつらいものになってきますね。トラブルも起こしやすくなります。

自己表現がうまくできるようになると、家庭生活においても職場においてもコミュニケーションが良好になり、仕事の面でも大きなプラスになります。

自己肯定感と自己表現力は、両方が同時進行でアップしていきます。どちらも幸せに生きていく基本の力ですね。歯を食いしばってがんばらなくても、こうした力をアップさせることができるのが、「ほめ日記」の特徴です。

「ほめ日記」の書き方とタイミング

まずは1週間を目標に

「ほめ日記」に必要なのは、ノートとペンだけ。

ノートは、どんなものでもOKです。モチベーションを高めるために、気に入った特別のノートを用意するのもいいでしょう。また、かわいいシールやカラーペンを用意して、シールを貼ったり、色分けしたりして楽しんでいる人もいます。

「ほめ日記」は読み返してもらいたいので、メモ用紙のようなものに書くのはおすすめしません。


なりたい自分を書きます。

「ほめ日記」の1ページ目に書くことは「なりたい自分」について、です。いくつでもいいので書いておきます。「こういう私になりたい」というイメージを頭に入れて「ほめ日記」を書くと効果がアップしますので、ここは飛ばさずに書きましょう。

「どういう自分になりたいのかよくわからない」という人にたまにお会いしますが、今の自分を見て、「ここを修正したい」と思っていることを書いておくといいですね。

ただし、「毎日イライラしない私になる」というように「……ではない」という否定語を入れる書き方は避けてください。「イライラしない私になる」ではなく「おおらかな心になる」というように肯定的な言い方にします。

《いい書き方の例》

- 私は自分を好きになる。
- 自分の意見をはっきり言えるようになる。
- 私は穏やかな心で毎日過ごす。
- 自信を持ってやりたいことにチャレンジする。

・私は自立した生き方をする。
・コミュニケーション力をアップさせる。

必ず「ほめ言葉」を使い、ほめる言い方で書きます。

例えば「今朝もジョギングをした」と書くと、ただの説明ですね。ほめ言葉をつけてほめるには「今朝もジョギングをした。よく続いているね。意志が強いよ」と書きます。

友だちや子どもをほめるように、自分をほめるのですよ。

日記ですから毎日が基本です。日常の「当たり前」と思うことをほめてください。まずは1週間を目標に書いてみましょう。

1週間やれば1週間分、1カ月やれば1カ月分、1年やれば1年分の効果を体感できます。その頃になると「ほめ回路」もしっかりしてきます。

毎日、同じことをほめるのもＯＫですが、できればほめ言葉を変えるなど、工夫をしましょう。

いろいろな角度から自分のプラス面を探すようにすると、自分への見方が変わり、効果を早く感じられるようになります。あとで「10のほめポイント」（50ページ〜）が出てきますから、これをぜひ参考にしてください。

グチや不満はあえて書かない

「自分を否定すること」と「マイナスの感情」は書かないこと。

自分を否定するクセがついていると、気がつかないうちに書いてしまうのが自分の否定とマイナス感情の表現です。

また、普通の日記に書くように、グチや不満を書いてしまうこともありがちですが、「ほめ日記」ですから、あくまでも「ほめることだけ」を書きます。

自分を責める、否定する、嫌う――。こういうマイナスの感情からは自己肯定感は生まれません。真面目《まじめ》であればあるだけ、そうした人は「ここを変えなきゃ」「なんとかしなきゃ」と自分の欠点と闘って改善しようとすることが多いのですが、これは逆効果なのです。脳内にストレスホルモンが増えるうえに、「自分を責める回路」を太くしてしまいますから、改善が難しくなります。

そんなときはどうするか？

「自分を受け入れて認めてあげる」コツをつかみましょう。

例えば、こんなふうに――。

「みんなができているのに、なぜ自分だけができないんだ。やっぱり能力がないいんだ」

と思ってしまうところを、

「できるようになるために、私は毎日努力をしているよ。えらいじゃない」

と努力をほめます。そして、

「だんだんできるようになるよ。もう少し自分に優しくして、自分のことを大切にしようよ」

と自分に優しく語りかけます。自分のマイナス面に共感しながら、努力をほめるのです。

はじめのうちは、心からそういう気持ちにならなくてもOKです。共感の言葉がけを続けていくうちに、マイナスの感情は落ちついてきます。

落ちつくまで、何度も優しく声がけしてください。これが習慣になると、「ほめ回路」を形成しやすくなり、能力も上がってきます。

こんなときこそ「ほめ」が効く！

脳科学によると、ドーパミンやセロトニンの分泌量が増えると、快感にかかわる脳のルートが働き、マイナスの回路を抑えやすくするのだそうです。

「ほめパワー」を研究している脳科学者、篠原菊紀《きくのり》さんは著書『ぐんぐんよくなる頭

の使い方』の中で、「困ったときこそ、自分をほめてください」「あまり考えず、まずは〝べたぼめ〟しましょう」と書かれています。

私もまったく同じ意見です。困ったとき、落ち込んだときほど、ほめ言葉を使って、心地よい自分を保ちたいものです。

マイナスの感情が強い日は書く気がしないかもしれませんが、そんなときほど気持ちを切り替えながら「ほめ日記」を書くことをおすすめします。

書く気にならないと思った日は、次のポイントを押さえて、あえて「ほめること」に気持ちを集中させて書いてみましょう。心が軽くなり、否定的な感情から抜け出せるはずです。

・**自信がなくなった日**、日頃書いているプラス面をもう一度探してほめる。
・**不安な日**、明るいことを探してほめる。
・**人に悪く言われた日**、自分のよさを探し、自分を信じてほめる。

・相手との関係がうまくいっていない日、相手にとらわれているのではなく、違うテーマに目を向けて、プラス面を探してほめる。
・失敗をした日、失敗によって学んだことをほめる。
・ものごとを成功させたい日、その決意をほめる。
・体調を崩した日、日頃の心身の働きを考えて、プラス面をほめる。
・人生を好転させたいと思ったら、その気持ちをほめる。

良心に照らし合わせて〝悪い〟こと以外は何でもほめましょう。多少ウソっぽく感じても、違和感があってもOKです。ほめ言葉を脳に届けるという気持ちで「ほめ日記」を書き続ければ、そのうち違和感がなくなります。

プロローグにも書きましたが、「謙遜すること＝自分を否定すること」という間違った認識を持つ人は、「ほめ日記」に抵抗感や違和感を抱きがちです。

しかし自分をほめ、自分を尊重する意識が高まると、相手を尊重し、相手の目線に立つという謙虚な気持ちが出てきます。

何を、どうほめればいい？

いいところ探しに役立つ「10のほめポイント」

他者《ひと》と比べて、いいとか悪いとかで判断するのではなく、自分で「いいなあ〜」と思えるところがあれば、思いつくままに何でも書き出して、ほめ言葉を末尾につけてみてください。「当たり前」と思えるようなささいなことの中から、ほめる点、認められる点を探すことが、効果を上げるポイントです。

その日のことでなくてもＯＫです。自分の長所、よさ、能力、体力などもほめましょう。

ただし、ほめる内容ががんばったことやよくできたことばかりだと、書いていくう

ちに行き詰まってきます。

「ほめる」というと、多くの方が「できたこと、がんばったことをほめる」というイメージを持っています。しかし、「ほめ日記」をきっかけに、そうした観念を打ち破って、自分をいろいろな角度から見てプラス面を探し、ほめる習慣を身につけていただければと思います。

自分をいろいろな角度から観察するために、次の「10のほめポイント」に目を向けてみてください。

①内面（性格や心の動きなど）をほめる

例：部下に、いつもだったら怒鳴っていたところをガマンできた私はエライ！

②行動や働きをほめる

例：毎朝早起きして子どものお弁当をつくっているなんて、立派だよ。

③感覚や感性をほめる

例：映画を観て泣いたり笑ったりできる私って、感情が豊かなのね。

④発想、考え方をほめる

例：僕を必要としてくれる会社が必ずあると信じて就活している僕。頼もしい！

⑤努力のプロセスをほめる（結果が出ていなくてもOK）

例：「ほめ日記」を根気よく続けているね。すごい、すごい！　そのうち未知の自分を発見できるよ。

⑥過去の自分をほめる

例：ここまで進めてきたプロジェクト、いろいろあったけどよくやってきた。たいしたもんだ！

⑦やらなかったことでプラスのことをほめる

例：今日は、甘いものを食べすぎなかった。エライ！

⑧身体の働きをほめる

例：今日も私の心臓、10万回の拍動。優秀だね。ありがとう。

⑨見た目（容姿）をほめる

例：この頃、お肌がツヤツヤしていて、きれいだね。

⑩プラスの変化、内的気づき、自己発見をほめる

例：妻をほめられるようになったのは、すごい変化だ！　優しくなっているね。

「ほめ日記」の最大のポイントは、「言葉」です。

頭の中で考えているだけでは何も変わりません。自分の思い方を変えるためにプラスイメージの「言葉」を書いて、あなたの脳や心に届けてください。その繰り返しによって、脳の中で自分を肯定的に思う回路（ほめ回路）がしっかりつくられてくるのです。

79ページの**「使える！　ほめ言葉リスト」**が、書くときの参考として役に立つはずです。

ほめ上手になる近道は「真似する」こと

「ほめ日記」の上達のコツは真似《まね》すること。最初は何をほめたらいいかわからないという方は他の人が何を書いているのかを知って、真似して取り入れてみてください。それが上達と効果の促進につながります。

ここに「10のほめポイント」のサンプル集を用意しました。

この10のポイントを毎日ほめるということではありませんが、なるべくなら限られたポイントに偏らないようにしましょう。

いろいろな角度から自分を見てみることで新たな自己発見ができ、肯定感も高まってきます。**自分をありのままに認めて、受け入れる**――それが自然にできるようになりますよ。

「10のほめポイント」のそれぞれのサンプルは、私のワークショップでおこなう「自分ほめワーク」に参加した方々がほめた内容です。行き詰まったら、このサンプルをどんどん真似て書いてみましょう。

①内面（性格や心の動きなど）をほめる

・会社でミスを指摘されたけど、すぐにやり直すことができた。この頃はめげそうになっても軌道修正が早くなって、**しっかりしてきたね**。

・今日は疲れていたのでダラダラ過ごしたけど、自分を責めずに、「こういう日もあるよ」と受け入れられた。**進歩しているよ**。

②行動や働きをほめる

・今朝もお弁当づくり。**よくやっている！** 愛情がある証拠だね。

・今日は子どもとキャッチボールをした。**いい父親だ。**

・以前から彼に言いたかったことを今日は言えたね。**花マル！**

③感覚や感性をほめる

・朝のウォーキング、小鳥のさえずりに心を動かされ、自然の息吹を心地よく感じている自分、**感性豊かでいいね。**

・部屋の中にお花を飾って、心をなごませている私。**ステキな感性だね。**

④発想、考え方をほめる

・心の悩みを母に話してみようと思いつき、一緒に考えてもらった。心が軽くなったね。話して正解だった。**冴えてるね。**

・以前なら悲観的にとらえていたことを、前向きに発想転換できるようになった。その調子だよ～。**なかなかやるね。**

⑤努力のプロセスをほめる（結果が出ていなくてもOK）

・「ほめ日記」がときどき書けない日もあったけど、「完璧にできないからダメ」と思わずに、続けようとしている私の姿勢がすばらしいよ。

・就職活動、がんばっているのになかなか結果が出ないけど、努力してあちらこちらに履歴書を送っている**僕はたくましくてかっこいい。**必ず結果を出すぞ。大丈夫だ。

⑥過去の自分をほめる

・中学生のとき、いじめられていたことを自分のマイナスだと思っていたけど、「苦しかったのに、学校へ行っていた僕はスゴイ」と思えるようになった。**ホントにスゴイよ。**これから何があっても乗り越えていけるゾと前向きに思えるようになったことも**スゴイ。僕は本当は強いんだ。**

・過去に大変なことがいろいろあったけど、1つひとつ努力してきたから今があると思える。**よくやってきたね。えらかったよ。**もう大丈夫、これからは幸せがいっぱいくるよ。

⑦やらなかったことでプラスのことをほめる

・週に1日は酒を飲まないようにしようと決めて、ゆうべは飲まなかった。**意志が強い。**これからは健康に注意していいものを体に取り入れるように心がけて、長生きするぞ。

・よくないことがあると、何でも人のせいにして家族を責めていたけど、最近はそういうことがなくなってきたね。**心が広くなってきた**みたい。**カンシンだね。**

⑧身体の働きをほめる

・毎朝通勤前にジョギングしている私の体は健康で**すばらしい。**ありがとう。

・僕の胃は何でも消化してくれて、**すごい力を持っている。**

⑨見た目（容姿）をほめる

・「ほめ日記」を書きはじめてから目がきれいになったと人に言われるけど、自分でもそう思うよ。**キラキラしていてステキ！**

・最近、美容院を変えて、ちょっと髪型も変えてみた。**なかなかかわいいね。**

⑩プラスの変化、内的気づき、自己発見をほめる

・小さなことでもほめて自分のよさに気づいていくと、今までムカついていた人にもいい面があることに気づいた。**成長できている私**を感じるって、とてもうれしいし、**すばらしい。**

・今まで「あ〜、もういやだ」が口グセだったけど、最近は「よくがんばったね」と自分に言っている。いやな気持ちの連鎖がなくなって、**気持ちの切り替えも早くなっている**のに気がついた。こんなふうにプラスの変化を実感できている私が誇らしい。ほめ日記、**よく続けたね。成果を上げてすばらしい。**

・イライラすることが減って、**1日中穏やかな気持ちで過ごせる日が多くなった。**自

分をありのままに受け入れると、外の世界に対して**寛容になれることがわかった。**

こういう私、見直したよ。

いかがですか？　特に「プラスの変化、内的気づき」を書くことは、「ほめ日記」の効果をぐ～んと引き上げます。1～2週間に一度くらいはこの項目について振り返る時間があると理想的です。

静かに自分に意識を向け、プラスの変化や気づきを探そうとすることで、心は落ちつきリラックスしてきます。本来の自分を取り戻し、リセットする意味でも「ほめ日記」はとても有効です。

「ほめ日記」を続けるちょっとしたコツ

「書くことがない！」を防ぐには

毎日継続していると、書くことが減ってきたなと思うときがあります。そんなときは、次のいずれかの項目をチェックして、再チャレンジしてみてください。前項の「10のほめポイント」のサンプル集も参考にしてくださいね。

「こんなこと、ほめるに値しないのではないか」などと勝手に決めつけていませんか？

どんなささいなことでもほめましょう。あなたが思いついたことで、ほめるに値しないことなどありませんよ。

「○○さんほどできていない」と他者と比べている自分に気がついたら、「私は私」と気持ちを切り替えましょう。

他人があなたの「ほめ日記」を読むことはないのですから、心配せずに思いっきりほめちぎってあげましょう。

がんばったことや行動ばかりをほめていませんか？

内面的なことや思ったこと、考えたこと、感じたことなどにも目を向けてほめましょう。

例えば、ドキュメンタリー番組やニュースを観ていて、「映像の美しさに感動した」とか「こうすれば改善されるのに、というアイデアが出てきた」など、ひらめきや心の変化なども、見逃さずにほめましょう。自分でも気がつかなかった一面を発見するきっかけにもなりますよ。

その日に何か特別なことがなければほめられない、と思っていませんか？

「朝ごはん、ちゃんと食べてエライ！」など、日常の当たり前のことに目を向けましょう。

「さわやかな笑顔で同僚に挨拶できた私、愛嬌があるね」

「寄り道をせずに帰宅。真面目だね」

など、朝から夜までの行動や感じたことを思い出して、ほめているうちに「ほめ回路」がしっかりできてきます。

よほどのことがない限り、1日のうちに特別なことなどいくつも起こらないものです。ごく当たり前のことの中に、大事なことが隠れていることがありますので、軽視しないでくださいね。

自分の体で何か変化はありませんでしたか？

「今日の顔色、普段よりよかった。健康になったね」

「伸びていた爪に気がついて切った。こまめな手入れ、サスガだね」

「今日の髪型キマった。イケてるよ」

など、自分の体の変化やそれにともなう自分の行動などをほめてみてください。繰り返すうちに自分への いとおしさが湧いてきますよ。

ほめることに飽きてきたら

「『ほめ日記』を書きはじめたけれど、飽きてきてしまった」というお悩みをいただくことがあります。

そんなとき、鏡を見ながらそれまでの「ほめ日記」を音読したり、声に出して自分にほめ言葉を聞かせると、言葉のエネルギーと音の響きの両面で、脳に大きな快感刺激を与えます。

もう1つおすすめしたいのが、自分だけの「ほめじゅもん」をつくることです。

「ほめじゅもん」とは、自分にほめ言葉を与え続け、言霊《ことだま》の力で雑念を払い、心身にプラスのエネルギーを満たす自分だけの「オリジナルじゅもん」です。

つくり方は簡単です。79ページにあるような自分に言ってあげたいほめ言葉を書き連ねて、それをお経をあげるように、あるいは「じゅもん」を唱えるように声に出します。

書いたものを常に持ち歩いて、何かのときに出して音読するのもいいですね。

不安な気持ちを振り払うとき、落ち込みそうになったとき、マイナスのとらわれを払いのけ、マイナス感情を切り替えるときに役立ちます。

《「ほめじゅもん」の例》
大丈夫　私はやれるよ　できるできる　努力もしている
よくやっている　えらいよ　私　がんばってるじゃん　希望を持って進もうよ
大丈夫　実現するよ　すごいよ　たいしたもんだ
夢は叶う　必ず叶う　私の人生うまくいく　安心していて大丈夫
私はやれる　私ならできる　えらいね　さすがだ　私はすばらしい
未来は明るい　未来は幸せだ　私は宇宙とつながっている　仕事もできる

私は長所がたくさんある　頭もイイ　「ほめ日記」書いてるし　大丈夫

人間、飽きたときの起爆剤は楽しさです。

私は個人セッションなどでも「ほめじゅもん」を取り入れることをおすすめしていますが、クライアントさんからは「効果バツグン」と好評です。

「元気が出てきた。いいぞ、いいぞ〜、この調子だ！」

「パワーが湧きに湧いてきた、私の脳はすばらしい」

など、「あなたの変化」をジャンジャンほめましょう。気分が上がって、続けていこうという気持ちになり、楽しくなってきます。

受験勉強をしていたクライアントの女子学生から、今年の2月にうれしいメールをもらいました。社会福祉学部に無事合格したとの報です。身のまわりの環境がめまぐるしく変わる中で、彼女には、いろいろアドバイスもしてきました。

「社会福祉士への道はこれからですが、希望の大学に入れて本当にうれしいです！なりたい自分になるために、『ほめ日記』を書いて、『ほめじゅもん』を唱えて……と、これからもやっていきます」

との力強い言葉に、胸がいっぱいになりました。

あなたもどうぞ、自分用の「ほめじゅもん」をつくってみてください。

「生きていること」は、ほめられること

「今日1日、よく生きたね、えらいよ！」

「今日も心臓がちゃんと動いていた。生きているだけですばらしい」

など、あなたがこの世に生まれたこと、しっかり生きていることが、何よりもほめられるべきことです。体の部位を1つずつほめていったら、書ききれないぐらい見つかるはずです。

また、空を見上げて雲の形を見たり、風を感じて行方を追ったり、月や星を眺めたりして感じること、気がついたことなどもほめてみると、日常の中にほめるポイントはたくさんあることがわかると思います。

見つけられないことを責めず、あせらずに「毎日同じことでも大丈夫！　だんだん上達するよ。そう思える私はいいよね」とほめてあげてください。命はとても喜びます。

効果をぐんぐん上げる10のポイント

せっかく「ほめ日記」を書いているつもりでも、間違った書き方、効果の出ない書き方をしてしまっていることがあります。また、書いて終わりではなく、読み返したりすると、さらに効果を上げることができます。

以下、10のポイントに分けて説明しましょう。

①グチや不満は書かない――「ほめ回路」を妨害しない

グチや不満はマイナス言葉。書けば書くほど「ほめ回路」の形成を妨害してしまいます。これではせっかくの言葉の力も逆効果。書かないとしても、「どうせ私なんて……」「あ〜あ、疲れた、いやになっちゃう」など、無意識のうちに自分に対するマイナス言葉を口にしたり思ったりしても同じです。

思わず出てしまって、ハッと気づいたときはプラスに言い換えてみてください。例えば、疲れたことを不満に思う気持ちが生じてきたら、「今日はよくがんばったね！」と思い直します。これを意識していると気持ちの切り替えが早くなります。

②同じことでも視点を変えてほめる——ものの見方が柔軟になる

毎日同じことをほめるのはＯＫですが、同じことでもちょっと視点を変えてほめるようにすると、新鮮さを感じられると同時に、柔軟なものの見方ができるようになります。

例えば、「朝ごはん、ちゃんと食べてエライ！」と前の日にほめたとします。今日は同じことでも「朝から食欲がある私、健康な証拠だね」とほめることもできますね。あるいは、「朝ごはんが食べられることって、幸せなことなんだと気がついた私、感心だね」「毎朝、体のことを考えて朝食をとるようにしたのは、自分を大切に思う気持ちが出てきたからだ。すばらしい」など、何通りにもほめることができます。

③他人と比べない――自分を守るのは自分

もし他の人にできて自分にできないことがあったとしても、自分を責めてはいけません。「ほめ日記」はそもそも自分のよさを見つけるワークですから、他者と比べて点数をつけることはしません。いつでも「ありのままの自分」を受け入れて、認めて、ほめてください。

自分の味方は自分です。

相手のよさを見て、それをほめることはプラスです。自分と比べることとは違いますから、安心してください。しかし、「私はダメだけど、あなたは○○ができてステキね」と自分を下げてほめる言い方は、比較をしていることになりますからやめましょう。知らないうちに自分を傷つけることになります。

でください。

④自分の気持ちを無視しない——気持ちを素直に受け入れて共感してあげる

やっちゃいけないと思ったことをやってしまったとしても、あまり自分を責めないでください。

例えば、思わず感情的に怒ってしまって、あとで心の中で悔いたり責めたりしている……。そのまま放っておくと、いつまでも心の整理ができませんから、こう言い(思い)直します。

「あんなことがあったから頭にきたんだよね。それは腹立つよ。うん、うん。わかる、わかる」と友だちの話に共感するように、優しく自分に声をかけてあげます。そして、「こんなことで人に当たったりしない私になろう。大丈夫、大丈夫、必ずなれるから」とプラスの方向づけをしてあげるのです。

このように、責めることなく、自分の素直な気持ちを受け入れると、プラスへの転換が早くなります。

⑤ときどき読み返す――「ほめ回路」を活性化する

「ほめ日記」を読み返すことは、過去に自分で書いたほめ言葉を反復することになります。それは、自分で自分にエールを送り、パワーを与えることになります。「ほめ回路」をさらに太くして、ドーパミンなどの快感ホルモンの分泌を促します。

自分のペースでかまいませんが、1週間に1回ぐらいのペースで読み返しながら自分のよさを再確認できたら最高です。

「ほめ日記」はあなたのすべてをほめてくれる恋人であり、親友であり、スペシャルな秘伝の巻物でもあります。大切に、有効に活用しましょう。

⑥音読は脳をさらに喜ばせる――音読でさらに「ほめ回路」を活性化

目で追っていくだけでなく、たまには声に出して読むと、脳にいい刺激を十分に与えることができます。「ほめ回路」を太くする「プラス言葉」を自ら口から発して、自分の耳で聞くのでとても効果があります。せっかく自分で書いたプラス言葉なのですから、脳をさらに喜ばせて、命の中からよりよいものを引き出しましょう。

⑦パソコンよりも手書きで――脳科学も証明！　手書きの効用

パソコンやスマートフォンなどで文字を打つことに慣れていると、そのほうが手っ取り早いと思われるでしょう。「なんで、わざわざノートなの？」と、疑問が浮かんでくるかもしれません。

私は、長年の実証に基づいて「手書きのほうが肯定感を引き出しやすい」という説明をしてきましたが、本書のはじめで紹介したように、このことは脳科学でも証明されています。

東北大学教授の川島隆太さんも、このように述べています。

「最近の脳研究でわかってきたことは、ＩＴ機器が前頭前野の血流を下げる性質を持っていることです。つまり、前頭前野が休んでいる状態です」

前頭前野は脳の前頭葉の前の部分で、この前頭葉は思考力や創造力、感情のコントロールなどを司っています。実際に手を動かす写経《しゃきょう》やぬり絵が、前頭葉をはじめ、脳のあらゆる部分を活性化させるといわれているように、同じ言葉を書くにしても、パソコンと手書きでは脳への働きかけが異なるのです。

外出先で「今日はこれをほめよう」と思いついたときにスマートフォンにメモしておき、帰宅してから「ほめ日記」に書き写すという、デジタルとアナログを上手に使い分けてもいいですね。

⑧当たり前と思っていることを見直してほめる——発想の転換

何も特別なことをわざわざ見つけようとする必要はありません。毎日なにげなくこなしていること（例えば、主婦の方であれば家事、ビジネスパーソンであれば朝の挨拶など）に目を向けてみてください。

当たり前と思ってやっていることは、ほめられるに値するものばかりです。1日を振り返って日記をつける感覚で書き出しながら、必ず最後は「自分をほめて」シメることを意識してください。

⑨励ましや優しい言葉を書き添える――自己癒やし術

「その調子、その調子。それでいいのよ、やれたじゃない」

「これだけ努力したんだから、それだけでも花マルだ！　自分を信じようね」

などと、自分で自分に励ましや優しい言葉を添えるよう心がけると、ほめパワー効果倍増です。


もちろん他人の言葉で癒やされることもありますが、まずは自らが率先して癒やしてあげましょう。

⑩希望を持って希望の言葉も書き添える――「ほめ回路」強化&希望実現

すでにお伝えしたとおり、「ほめ日記」の最大のポイントは言葉です。

言葉は思い（気持ち）や考えを変える力があります。

思いや考えはイメージをつくります。

イメージは実現させる力を持っています。

「思うことは実現する」「イメージは実現する」ということは、思いやイメージの元となる言葉には、言葉の内容を実現させる力（エネルギー）があるということです。
万葉《まんよう》の昔から日本人はそのことを知っていて、言葉の持つ力を「言霊」と呼びました。「ほめ回路」をつくりながら、さらに言霊を使ってあなたの希望を実現させましょう。

そのためには、自分をほめたあとに、希望することを毎日書き添えます。例えば、

「今日も3時間、英会話の練習をした。がんばったね、えらいよ。通訳として仕事ができるのももうすぐだ。いい仕事が必ずできるよ」

「『ほめ日記』を書きはじめて今日で2年目！　バンザーイ、よく続いたね。ケーキ屋さんを開くという私の夢は、必ず実現するよ。コツコツがんばろう〜」

というように書きます。

忙しい人におすすめの「ほめ手帳」

本書では「自分をほめること」を日記帳に書くことを前提に書き進めていますが、

生活や仕事の状況によっては、「日記帳に向かって書く時間がない」「日記をつけるのはハードルが高い」という人もいるでしょう。

そこは柔軟に、家計簿の空きスペースに書いたり、育児日記に1〜2行、自分ほめを加えたりするのもいいと思います。

多忙なビジネスパーソンにおすすめなのが「ほめ手帳」です。

スケジュール帳は毎日開いて見るものですから、思いついたことをサササッと書くのに最適です。

仕事へのモチベーションを上げたい人、自己管理能力を上げたい人、部下をほめられるようになりたい人などに好評です。

実践している人からは、「うっかりミスが減った」「マイナス事案にも落ち込まずに対応できるようになった」「営業の成績が上がった」「あがらずにプレゼンできるようになり、上司に認められた」などといった声が届いています。

毎日の仕事に自己肯定感を持って向き合えるかどうかは、人生そのものにかかわる重要なことですね。手帳にほめ言葉を書くだけで自己肯定感が上がるとしたら、試してみない手はないと思いませんか。

「ほめ手帳」については、『たった1行　書くだけで毎日がうまくいく！「ほめ手帳」』（青春出版社）で詳しく解説していますので、こちらも参考にしてみてください。

ほめバリエーションを増やす！「ほめ言葉」リスト

ここまでお伝えしたとおり、「ほめ日記」は、単なる〝出来事の説明〟に終わらないで、必ず自分をほめる言葉を使います。

次ページの**「使える！　ほめ言葉リスト」**を参考に、使ったことのないほめ言葉もどんどん取り入れて、使い慣れるようにしましょう。

自分の「ほめ日記」の表紙の裏に「ほめ言葉リスト」のコピーを貼って、書くたびにリストを見るようにするといいですね。トイレや台所に貼って毎日読んでいる、という人もいます。

ほめ言葉の語彙《ごい》を増やすための工夫を、あなたなりにしてみてください。

使える！　ほめ言葉リスト

ほめるところを見つけて書いたら、
最後は必ず「ほめ言葉」でシメましょう！

第2章——上級編

毎日がどんどん
うまくまわり出す「ほめ日記」

このひと工夫で「ほめ日記」がバージョンアップ！

あせらないで！　効果の出方は人それぞれ

「ほめ日記」を実践してみて、あなたにどのような変化が生まれましたか？

1週間～1カ月くらいの実践ではっきりした効果が出て、実際に日常が目に見えて変わってきたという方は、命への感性が繊細で、思考も柔軟な方だといえます。

でも、変化や効果には個人差があって当たり前です。

例えば――Fさんは子どもの頃、テストで90点以上とらないと母親に怒られていたそうです。85点でクラスでトップだったときも「そんなことでいい気になってるんじゃやない」と怒られるなど、ほめられたことがありませんでした。そのために「ほめ日記」を書いていると母親の怒る声が聞こえてきそうで、スムーズに進めないと話しています。

大雑把《おおざっぱ》に言うと、自己否定感が強く、慢性的なストレスで悩んでいる方は、効果が出るまでに少し時間がかかる場合があります。具体的には、何らかの理由で「自分をほめる」ことに強い抵抗感があったり、ストレスで集中力が落ちていたり、マイナス言葉をよく浴びせられたりする環境にいる、などが考えられます。

しかし、あせる必要はありません。「ほめ日記」は自分のために書くものですから、他者と比較するのではなく、自分のクセや環境を知って、自分のペースをつかむようにしましょう。

最近、スケさんという方から、こんなメッセージを受け取りました。

「はじめたのは今年の8月中旬からだったのですが、2カ月ほどは連続で3、4日くらいしか続きませんでした。ですが、11月は1日も休まずに『ほめ日記』を書きました。そこで、この1カ月で私に起こった変化をご報告させていただきます。

まず書きはじめて2週間経過した頃から、自然と笑顔でいられる時間が増えてきました。

次に起こったことは、私の頭の中でささやかれる言葉でした。それまでの私は、『こんなにがんばっているのに、なぜうまくいかないんだ』『私だけがなぜ悪者扱いされないといけないんだ』といったネガティブな言葉が頭の中を占めていました。しかし、それが『自分はできる』『自分は成長する』『幸せになれる』『みんなが笑顔になる』というポジティブな言葉に変わりました。

そして、私にとっての一番の変化は、何かに失敗したときの心境です。以前の私は何かに失敗すると不必要に落ち込んで、気持ちの整理がつかないまま行動し、さらに他の失敗をするということを繰り返していました。

ですが、最近は何かに失敗しても『チャレンジした自分をほめる』『失敗を認めた自分の〝素直さ〟をほめる』『失敗しても不必要に落ち込まず、立ち直った自分をほめる』『次に同じ失敗をしないように具体策を考えたことをほめる』と、思えるようになりました。先ほども申しましたが、この変化は私にとって非常に大きな変化です。

これから先、いろいろな壁にぶつかることもあると思いますが、乗り越えていけそうな気がしてきました。そしてこれからも『ほめ日記』を続けていこうと思います」

この方の感想があなたへの応援メッセージになれば、私としてもこのうえない幸せです。

効果がすぐに出る人もそうでない人も、すべての人の命の中には限りなく大きな可能性が内在していることには変わりありません。ゆったり着実に「ほめ日記」を実践してみてください。

効果を感じないときは〝書き方〟を見直してみる

効果が自覚できない、気がつかないという方は「ほめ日記の書き方」をチェックしてみてください。大事な時間とエネルギーを「ほめ日記」に使うのですから、効果を実感できるやり方に変えていきましょう。

すでにいくつもの変化を体験している方も、さらによりよい結果を出すために、自己チェックしてみましょう。

「ほめ日記」の主語は「自分(私)、自分の名前」にしていますか?

主語を「あなたは」「おまえは」など、第三者に言うように書かないこと。一人称で自分に向かって語りかけるように書きます。

《書き方の例》

○　今日も仕事に集中できた僕はえらいぞ。

×　今日も仕事に集中できたおまえはえらいぞ。

マイナスの感情を切り替えていますか?

「ほめ日記」を書いているうちに、マイナスの感情の切り替えがうまくできるようになります。たとえ切り替えがうまくいかなくても、「ほめ日記」にはマイナスの出来事や不満などは書きません。

その日あったネガティブな出来事をたくさん書いたあとで、最後に「でもがんばったよね」などとひと言ほめる、という書き方はしないようにしましょう。

こうした書き方が習慣になると、せっかく「ほめ回路」をつくっているのに、マイナスの回路を太くしてしまいます。結果的に「『ほめ日記』の効果が感じられない」ことになってしまいます。

第1章の「**『ほめ日記』の書き方とタイミング**」（42ページ〜）では、自分への共感の言葉がけについて、「はじめのうちは、心から」共感できなくてもOKだと書きましたが、「ほめ日記」に親しんできたら徐々に「心から」できるようにして、マイナスの感情を切り替える力をつけましょう。

また、自分の小さな変化も見逃さずに「プラスの変化」として認めてほめるようにしてください。その継続が大きな変化につながります。

感覚、感性や、考えていることをほめていますか？

「**10のほめポイント**」（50ページ〜）に従って、いろいろな角度から自分を観察してほめていますか。

目に見える行動やがんばったことはほめやすいのですが、そればかりに偏ると行き詰まってきます。自分の目に見えない部分（感覚や感性、発想や内面のよさなど）にも目を向けて、ほめるようにしましょう。

例えば、紅葉した街路樹の美しさに感動したあなたは、自分の内面的な豊かさを発見したことになるでしょう。そんな自分自身をほめて、さらに育てていってほしいものです。

「10のほめポイント」すべてを毎日書くことは時間もかかり、大変だと思います。1日に2つのポイントを選んで書く人もいれば、平日は特にポイントにとらわれずにほめて、週末に「10のほめポイント」にじっくり取り組むという人もいます。あなたのやりやすいように工夫してみてください。

ほめ言葉の語彙が少なくありませんか？

「スゴイ」「エライ」など限られたほめ言葉しか使わないと、マンネリに陥りやすく飽きてくることがあります。

前にも書きましたが、**「使える！　ほめ言葉リスト」**（79ページ）をコピーして、あなたの「ほめ日記」の表紙裏に貼っておくと、「ここにはどんなほめ言葉が合うかな」と思ったときに、すぐにリストを見てほめ言葉を選ぶことができます。たくさんのほめ言葉を使うことで、自分を豊かな存在として受け止める気持ちも固定化されてきます。

また、1つの出来事に複数のほめ言葉を使うことも、その分だけ脳に届き、効果が上がります。

先日のワークショップで、次のようにほめていた人がいました。

「体力づくりに毎朝ジョギングをしようと決めて、今日で3カ月続いている！　**すごいね**、やるじゃないか、意志も強いし、頼もしい！」

「美容と健康のために、今日も野菜料理をつくって食べた。自分を大切にする気持ち、すばらしいね。野菜料理のレパートリーも増えたし、腕も上がったし、**天才だ〜**」

1つの出来事をいろいろな角度からほめていて、上手だなあと思いました。

書く時間の長さ、集中度はどれくらいですか？

「ほめ日記」はいつでもどこでも書けます。時間のない人は3～5分でもOK。1～2週間でも変化が感じられるものですが、「よくわからない」という方は少し長めに時間を取り、何かのついでにではなく「ほめ日記」にのみ集中して書くようにしましょう。

プラス面を探そうとすることに集中して時間を取ることは、自分を肯定する意識を持続させ、脳内の幸せホルモンを増やすだけでなく、脳波をα《アルファ》波にしていきます。それによりリラックス効果も上がり、潜在している能力を表面化しやすくなります（時間と集中度については108ページ～も参考にしてください）。

どれくらい継続できましたか？

なんといっても継続は大きな力を引き出してくれます。

1カ月くらいは変化を多く感じられて楽しかったのに、だんだんマンネリ化してきたのでやめてしまったという方は、ここに述べてきた書き方のチェックをしてみて、再度はじめてみましょう。

継続し、いくつものプラスの変化に気づいたり自己発見をすると、自分の命が持っている力を信じられるようになり、自己肯定感が揺るぎないものになってきます。

また、目標達成や希望実現への努力を、充実感と期待感を持って楽しくおこなうことができるようになります。

不安感や自分への不信感を持ちながら努力するのとでは、希望実現までの道のりに大きな違いが出てくることは自明の理ですね。何か叶えたい目標がある方は、ぜひ「ほめ日記」パワーを活用してみてください。

「ほめ100本ノック」にチャレンジ！

あなたは1日にいくつくらいの「ほめ言葉」を書いていますか。1日に3〜10くらいの「ほめ言葉」を書いている人がもっとも多いと思います。

そんな方におすすめしたいのが、「ほめ100本ノック」です。

・「ほめ日記」がマンネリになってきて、効果を感じにくくなってきた。
・マイナス感情の切り替えがうまくいかない。
・自分の本心がわからず、心に迷いが生じている。
・大きな選択をする前に、雑念を払って答えを出したい。

こんなときにはぜひ、チャンレンジしてみてください。

やり方はとてもシンプル。一気に100の「ほめ」をどんどん書いていくワークです。ささいなこと、当たり前のことでOK。日頃から「ほめ日記」に書いていることとかぶってもOK。とにかく集中して「ほめ」を100本、心にノックしていきます。

実際に「ほめ100本ノック」に取り組んだ人の声をご紹介しましょう。


「父に対して『許せない』と思う出来事があり、不快な気持ちを引きずっていたので、『ほめ100本ノック』を3日連続でやりました。

心がどんどん軽くなっていき、3日目には『許すこと』という命からのメッセージをキャッチできました。父と自分を許すことに努めた結果、心は晴れやかになり、ステージが上がった感じでした」（東京都・ユキさん）

「分担している仕事をしない同僚に、私はいつも迷惑をこうむっていました。そのため、ついまわりの人にグチってしまう自分がいやで、気持ちをスッキリさせたいと思い、『ほめ100本ノック』を何日か実践してみました。

すると、心の中に『生きているっていいな〜』と喜びがあふれてきて、同僚の迷惑にとらわれるより、その人の分まで私がさっさとやってしまえば、イライラしない分、得するんだというおおらかな気持ちになりました」（埼玉県・エリさん）

このように、心がスッキリと晴れわたり、新しい自分と出会えること請け合いです。また、直感力もつきます。キャッチした直感を大事にすることは、生きていくうえで大きな力になるでしょう。

「自分ほめ」以外も書くことのすごい効果

「ほめ日記」にプラスする4ポイント

これまでの自分をチェックしたら、自己イメージの〝更新ボタン〟をしっかり押してください。脳にしっかり記憶させ、心にインプットした「新しい自分」をスタートラインに立たせて、さらなる更新を目指して前に進みましょう。

第1章では、効果を上げるために、ほめ言葉に加えて、次の2つのポイントを書くことをおすすめしました。

①自分に対する励ましや優しい言葉

②自分が希望すること

この章では、ワンランクアップして、さらに次の4ポイントについて書くようにします。

③今日1日の「小さな幸せ、喜び探し」
④家族、まわりの人をほめる
⑤自分への感謝（自分の体、自分の命に）
⑥他の存在への感謝

これらの6つのポイントの中で、その日の自分の心に浮かぶこと、書きたいと思うことがあれば書くようにします。

ただし、基本は「自分ほめ」ですから、それを省いて他のことにばかりとらわれないようにしてください。自分をほめて自己肯定感を高めながら希望や喜び、幸せ、感謝などを意識化し、文字に書くことで、あなたの命の中で眠っているすばらしい意識や能力がどんどん目覚めてきます。希望の実現が早くなり、日々の充実感や幸せ感もさらに大きくなります。

「①自分に対する励ましや優しい言葉」「②自分が希望すること」については、第1章の75〜76ページを参照してください。ここでは③から⑥を説明することにします。

今日1日の「小さな幸せ、喜び探し」

私たちは気がつかないうちに「小さな不満、小さな不幸探し」をして、ものごとが順調に運ばないことを誰かのせいにしがちです。それらが小さなことであっても、心の整理をしないまま積み重ねてしまうと、不満は大きく増殖していきます。

大きな幸せを得るためには、「ほめ回路」と同時に「小さな幸せ、喜び探し」をする回路をつくることです。

「ほめ日記」を書いたあとに、1つでも2つでも、その日のうれしかったこと、幸せ

に感じたことを思い出して書きます。例えば、

「お給料日前、安いお店を探してランチ。やりくり上手だね。すっごくおいしいランチだった、幸せ！」

「風邪をひいたのでゆっくり休養。ムリしない私、体に優しいね。風邪はすっかり回復。ヨカッタ〜。うれしい〜。体さん、ありがとう」

「準備をしっかりやってプレゼンにのぞめた。がんばったよね！　上司からも認めてもらえて、わくわく、ニコニコ、気持ちイイ〜」

などです。

日常の小さな喜びや楽しいこと、当たり前の幸せに目を向ける習慣がつくと、今まで不満に感じていたことに目が向かなくなり、心が自然に幸せをキャッチするようになります。そうなると、大きな幸せや喜びが引き寄せられてきます。これが「引き寄せの法則」といわれているものですね。

この作業も、「自分ほめ」が基本です。自分を責めたり卑下《ひげ》する回路が強いままだと、幸せを探そうとしながら、無意識のうちに不満探しをしてしまうことになり、逆

効果になりますので気をつけてください。

家族、まわりの人をほめる

「ほめ日記」を続けていると、自然に家族や友人、まわりの人たちに対してもほめ言葉が出るようになります。しかし、ほめ慣れないうちは気がついても〝ほめそこなう〟ものです。「あの人にあれをほめてあげればよかった」と思うことがあったら「自分ほめ」のあとに書きましょう。

また、「子どものこと、あるいは夫（妻）のことを1つはほめる」と決めておいて書くのもいいですね。

「家事に育児、今日もよく働いた私。パワーあるね。○○さんも片づけを手伝ってくれて、優しいね」

「Ｚｏｏｍを使って仕事。もうマスターできた。私、頭いいね～。▽▽ちゃんの教え方、わかりやすかったよ。上手だね」

現代人が陥りがちな、心と体と頭がバラバラで統一されていない不安定な感覚を解消し、エネルギーが充実した命を自分のものとして実感できるようになります（123ページ〜**「『ほめ日記』効果がアップするワーク」**も参考にしてください）。

他の存在への感謝

その日に「ありがとう」と思えたことを「ほめ日記」に書き加えます。

私たちは誰もが生活の中で常に「ありがとう」という感謝の言葉を使っています。心からの感謝ももちろん多くあるでしょう。しかし、心がともなわなかったり、単に儀礼的に言ったり、そのときどきで中身は違うと思います。

「ほめ日記」には、自分の自然な気持ちとして、他の人などへの感謝が出てきたときに書きます。無理に何か書こうと、とってつけたように書いたり、「書くことがいいこと」と思って義務感で書かないようにしてください。理性で感謝を書くのは簡単なことなので、そこに偏ってしまうと「自分ほめ」や「自分への感謝」がおろそかになってしまいます。

自分の命への尊重感が、理性ではなく心の深い部分で〝感動をともなう感覚として〟自分のものになったとき、人は誰でも自分の命を生かしてくれるすべての人、すべての存在、天地自然に感謝の念が湧いてくるものです。逆の言い方をすると、自分の命に否定的で「生きていたくない」と思っている人の心に、自分を生かしてくれる存在への無条件の感謝は湧きようがありません。

まず自分の命に感謝し、そして他の命、存在を感謝するのが順序です。

最近セッションにいらしたM代さんの「ほめ日記」に、まさにこの項目でご紹介するのにふさわしい内容が書かれていましたので、ご紹介したいと思います。

「腸にポリープが見つかって、入院、手術と、はじめての経験。入院中、今まで元気でいてくれた自分の体に心から『ありがとう』という気持ちが湧いてきた。私も頭の理解ではなく、心の深いところから感謝が湧いてくる体験ができた！　すばらしいね、病気のおかげだね。
治療に当たってくださった先生、看護師さんにも、感謝を伝えた。
家族の協力や愛に、今まで心からの感謝を伝えていなかったことにも気がついた。
みんな本当にありがとう。心から愛しているよ」

M代さんは、家族に対して表面的な感謝の言葉は毎日使っていたといいます。でも、心の底からあふれ出る感謝を、まだ伝えたことがなかったと気づいたのだそうです。その気持ちが、M代さんの「ほめ日記」にはあふれていました。

皆さんも、「ほめ日記」を通して、周囲の人への感謝をしてみてはいかがでしょうか。

意識レベルをさらに上げるコツ

使う言葉で人生が変わる

「思考や想念は現象となる」、あるいは「イメージは実現する」と聞いたことがないでしょうか。実際に〝成功のイメージ〟を繰り返してきた人も多いと思います。

ここで見落とされがちなのが、思ったり考えたり、イメージしたりする「主体である自分」に対して肯定的なイメージを持っているかどうか、です。

思ったり、考えたり、イメージしたりする主体である〝自分〟をまるごと肯定し、信じていることが、成功への近道です。

想念・思考、イメージの元は「言葉」です。その言葉を使う〝自分〟が、自分に否定的な気持ちを向けていては、どんなにいいイメージをしても実現は難しく、むしろマイナスの実現が続くことになりかねません。

自分に向けるネガティブな言葉をポジティブな言葉に変えて、自己イメージを更新していくと、自ずと想念は前向きでバランスのよいものになり、そこではじめてイメージすることが実現に近づくのです。

子どもの頃にほめられたことがないという人の中には、自分のことも他人のこともほめることに抵抗を感じる人が多いのですが、「ほめ日記」で慣れてくれば過去は問題ありません。

聞き慣れない、使い慣れない言葉や表現に抵抗感を持つのは、何もほめ言葉やほめる表現だけではありません。「ほめ日記」を続けている人は気がついていると思いますが、プラス言葉を使い慣れてくると、マイナス言葉や否定的な表現をイヤな言葉、聞きたくない言葉として敏感に感じるようになります。自分が以前のようにマイナス言葉を使おうとしても、そこに抵抗感が出てきます。

こう考えると、私たちは普段よく使う言葉が非常に大事だということがわかります。言葉が想念や思考をつくり、行動を選択し、自己の形成や人生の構築にまで大きな影響を及ぼすのです。

目には見えないけれど、個人が使う言葉と想念が社会の意識となり、社会のあり方にも大きく影響するといえます。それほど言葉には力（エネルギー）があるのです。

「ほめ日記」で引き寄せが加速する理由

自分をほめ、まわりの人にもほめ言葉をかけて、脳を喜ばせ、命を喜ばせていると、あなたの心や体には明るい喜びのエネルギーが満ちてきます。

さらに、「小さな幸せ、喜び探し」でうれしい気持ちでいることが多くなり、プラス言葉を使うことが増えてくると、そのエネルギーはもっと強くなります。

このエネルギーがいいこと、うれしいことを引き寄せるのですよ。

「同質のエネルギーは寄ってくる」というエネルギーの法則です。前にも触れた「引き寄せの法則」ですね。

あなたの命が放射するエネルギーは、同じような性質のエネルギーを持つ人や事象を呼び寄せることになるのです。

予期しない幸せなことが起きたり、願っていることの実現が早くなったりします。

そして、マイナスの強いエネルギーを持つ意地悪な人は離れていくという「引きはがし」の現象も起きてきます。

また、あなたの命のエネルギーは、自分だけがよくなるということではなく、家族やまわりの人たちの心を落ちつかせ、まわりの人たちにもプラスの影響を及ぼします。

まさに愛のエネルギーですね。

ここで注意していただきたいことは、心にマイナスの感情や想念を強く持ってマイナスエネルギーを放射していると、同質のエネルギーを持つ人や事象を引き寄せてしまうということです。

そのため、表面的にこういうことを実現させたいとイメージを抱き続けても、自己肯定感が低く落ち込んでばかりいると、実現は遠のき、マイナスエネルギーに見合ったものが実現してしまいます。

つまり、よいこと、幸せなことを引き寄せるのは、「あなたの心の中はどうなのか」ということですね。

難しい修業はいりません。自分のよさに目を向け、自分の命が持つ未知の無限の力を信じ自分の軸を持つことです。ここが大事な人生の土台になるのです。

「うれしい」「ラッキー」「幸せ」「ありがたい」「楽しい」「大丈夫」といったほめ言葉、喜びの言葉、励ましの言葉、愛の言葉、感謝の言葉をたくさん使って、幸せを引き寄せていただきたいと思います。

書くときに呼吸法を取り入れる

意識レベルを今まで以上に上げて自己変革を果たしたい、また仕事面で躍進したいと思う人は、書く時間の長さと集中度に注意を向けてみてください。

「ほめ日記」を書くことで、脳内の幸せホルモンの分泌がよくなります。前頭前野の血流がよくなり、集中力がつき、自己コントロール力も自然についてきます。このことについては第1章でも書いていますが、集中力を高める方法はまだあります。

それが**腹式呼吸**です。

腹式呼吸とは、横隔膜《おうかくまく》を使って深く呼吸する方法です。腹筋を使っておなかを引っ込めながらゆっくりと鼻から息を吐き、吐ききったら腹筋をゆるめます。自然と鼻から空気が大きく吸い込まれてお腹がふくらみます。感覚をつかむとコツがわかってきますが、うまくできなくても気にしないで先に進んでください。

日記を書く前に、右手を下腹部に当てて、4、5回、「今日の自分のよさを探そう」と自分に言い聞かせながら大きな腹式呼吸をすると、「ほめ日記」効果はぐんぐん上がります。

「4、5回の腹式呼吸」＋「ほめ日記」で、自律神経の副交感神経が優位になります。そのためストレスが緩和され、安心感が心に広がります。毎日継続することで、自然治癒力や免疫力が上がり、ストレスが引き起こすさまざまな不調から自分を守ることができます。

実際に「ほめ日記」をはじめてから風邪をひきにくくなった、肩こりが改善した、疲れにくくなった、睡眠が深くなり目覚めがよくなったなど、体が健康になったという声を多く聞いています。

心の面では気持ちの波が少なくなり、地に足をつけてしっかり立っている自分を感じることができてきます。

マイナスの出来事に対して落ちついて対応する能力や、自己管理能力も上がりますので、ストレスをうまく回避しながら能力を発揮させることができるようになるでしょう。

「ほめ日記」が脳に与える影響

4、5回の腹式呼吸のあと「ほめ日記」を30分くらい集中して書いていると、脳波はα波状態になってきます。

α波は、眠っているときと目覚めているときの中間あたりのぼんやりしているとき、瞑想時やリラックスした心地よい状態のときに出る脳波です。

「ほめ日記」を書くことにある程度の時間をかけ、集中するということは、命が喜ぶ言葉に集中し、それ以外は「無」に近い瞑想状態がつくれる——ということです。

これは潜在意識を表面化させるのに最良の状態といえます。平和で心地よい心の状態がつくられ、直感やインスピレーションが冴えてきます。


心理学的には、潜在している意識・能力は約90％あると古くからいわれていますし、前にも述べたように、最近の遺伝子工学の研究では遺伝子の90％は使われていないということがわかっています。

いずれにしても、私たちは無限に近い未知の力を秘めている存在だということがわかります。したがって、すべての人にとって「ほめ日記」は自分の可能性を無限に開く「シンプルで効果が高い」ツールといえます。

「ほめ日記」を続けていると若返る⁉

楽しいこと、好きなことを思い浮かべたり、優しく穏やかな気持ちになったりすると、β《ベータ》－エンドルフィンという脳内ホルモンが増えるということは、最近よく知られるようになりました。

まさに、**「ほめ日記」の音読や「腹式呼吸＋ほめ日記」「幸せ探し、喜び探し」**などが当てはまりますね。

このβ－エンドルフィンも瞑想時に分泌されるといわれていますから、α波と同様、瞑想効果が期待できます。β－エンドルフィンは分泌されると大変気持ちがよく、「快」の感覚に満たされた平和な精神状態になります。

人によっては、命からのメッセージを受け取る人もいます。

幸福感、希望、わくわく感、自尊感、生まれてきた喜びなどが、「快」の感覚とともに胸に広がるのですから、争いの気持ちは消え去ります。

さらによいことに、この脳内ホルモンは若返りホルモンとも呼ばれ、常に分泌をよくしておくと、若々しい心身を手に入れることができるともいわれています。

実際に「ほめ日記」を継続している人からは、「肌がきれいになった」「ツヤツヤしてきた」「体が軽く、よく動くようになった」といった感想や、「目がきれいになったと人に言われる」「若くなったと言われる」といった声をよく聞きます。

β-エンドルフィンの「快」の感覚は、誰でも「腹式呼吸＋ほめ日記」や「ほめ日記」の音読によって、〝脳内感覚〟としてキャッチすることができます。

この「快感覚」をキャッチできたら、そこに没頭することが大事です。

具体的には「気持ちがいいなぁ」と意識的に感じ続けることです。3〜5分でOK。その間に雑念が入ってきても気にせず、何も考えないようにして「快」を感じ続けましょう。

「快感覚」は誰でも味わうことができますが、精神的ストレスがたまっていたり、体に疲労物質がたまっていたりするときなどは感じられないこともあります。「感じないのはおかしいのではないか」などと否定的に考えずに、何度でも繰り返しトライしてください。

ストレス解消にも役に立ち、頭の中の整理ができてスッキリとすると思います。

今の自分を知ることが、未来につながる

今の自分を知ることとは、将来の自分を輝かせて望む自分づくりをするためにも必要な条件です。

どんな物事にもステップがあります。今、理想の自分でなくてＯＫ。これまでの成果を肯定しながら今の自分を見ることで、次の目標が明確になります。「今はまだダメだから、もっとがんばって前に進む」のではなく、「成果が上がっていてすばらしいから、さらに前に進む」のです。

そのためには、自己イメージの更新作業が必要になります。具体的には、第1章「10のほめポイント」の⑩**番目「プラスの変化、内的気づき、自己発見をほめる」**（53ページ）が、自己イメージ更新のポイントです。

毎日の「ほめ日記」で、どんなに小さなことでも、たとえ100のうち10の進歩であっても、その変化を見逃さずに「ほめ日記」に書き記しておくことが、大きな力になります。

「ほめ日記」は、そのときどきの集中度やストレスの度合いなどで、内面に感じるものや湧き出るものが違ってきます。丁寧に観察してみると〝自分を知る〟おもしろさも味わえると思います。

プラスの変化についても、表層的なものから、心の深層部分の発見までさまざまです。

内的な気づきを得た自分、プラスの変化を体感できた自分を、以前の自分に〝上書き保存〟する作業が「ほめ日記」だと思ってください。この作業の繰り返しによって、新しい自己イメージがしっかりと脳に記憶され、無意識の領域に刻み込まれていきます。

「自己イメージ更新表」をつけてみよう

毎日の「ほめ日記」に加えておすすめしたいのが、これからご紹介する「自己イメージ更新表」です。半年に1回くらい、過去の「ほめ日記」を読み返しながら現在と比べてみて、改めて表に書くことで、あなた自身の変化が目に見えてくると思います。

内面の変化は目に見えないと思われがちですが、そうではありません。これまでに紹介してきた実践者の声にあるように、それは外側に見える形ではっきりとあらわれてくるのです。こうした変化を知ることは励みになりますし、「進歩し続ける可能性のある自分」を信じる力が揺るぎないものになっていきます。

自己イメージの更新を意識化し文字にすることで、私たちはいつまでも「新しい自分」と出会い、その感動を味わい続けることができるのです。

ここでは具体例として、佐倉咲代子さん（35歳）の「自己イメージ更新表」をご紹介しましょう。

佐倉さんは、「ほめ日記」を書くにあたって、以下のような点を心がけているといいます。

「ほめ日記」を書くにあたって心がけていること

・1日を気分よく終えるために、毎日寝る前に書く。
・毎日の「ほめ日記」を書く前に、「なりたい自分」を書き込む。
・なるべく「10のほめポイント」に沿ってほめる。
・日常生活で「これはほめたい！」と思うことがあったら、スマートフォンのメモ機能や付箋、メモなどに一時的に書いておいて、夜に「ほめ日記」に書き写す。

佐倉さんのこのような「ほめ日記」の書き方や、「自己イメージ更新表」を参考にして、あなた自身の「自己イメージ更新表」を作成してみてください。

自己イメージ更新表（佐倉咲代子さんの例）

	以前の自分（2016年12月6日）	現在の自分（2020年4月26日）
内面	●不安、あせり、迷いにいつも支配されていて、自分の感情がよくわからずうまく表現できない。 ●自分が何をしたいのかよくわからず、ぐずぐずしている自分が好きではなかった。	●ネガティブな感情が湧いてきても、自分なら大丈夫とすぐに切り替えられる。 ●自分の思ったことを素直に相手に伝えられるようになった。 ●いつも自分に愛していると伝えるようになり、自分がかわいい、いとおしいと思う瞬間が増えた。
行動	●我慢第一で、したいことよりも、しなくてはいけないことばかり優先していた。 ●自分よりも人を優先していた。	●自分のためになることを考え、決断・行動ができるようになった。 ●自分の心の声に耳を傾けるようになり、やりたいことが少しずつわかるようになった。 ●頭で考える時間が減って、すぐに行動できるようになった。
感覚・感性	●楽しんではいけない、がんばらなくてはいけない。 ●いつも何かに責められている感じ。	●何でもないときも楽しい、わくわくという感覚が湧いてくる。 ●人や物、自然などあらゆるものに感謝が湧いてくる。

	●無理にがんばらず適度に力を抜けるので、気持ちに余裕が持てる。 ●絵を描くことに義務感を感じることがなく、楽しんで描いている。 ●自分の世界を表現してもいいんだと思えるようになった。
発想・考え方 ●人の考えや気持ちに影響されやすい。 ●失敗を恐れ、正解を探すことに重きを置いていた。 ●とにかく人の目が気になる。	●何が起こっても勉強だ！　と思えるので何が起きても大丈夫。 ●「自分は自分、人は人」と相手との境界線が引けるようになってきた。 ●男性・恋愛などにポジティブなイメージが持てるようになってきた。 ●頭の回転が速くなったと感じ、仕事の効率がよくなった。
努力について ●生きづらさを感じて、自己啓発セミナーなどを受講するが、何年経っても改善することができなかった。	●「ほめ日記」を続けることで自分に自信がつき、自己啓発やスピリチュアルなものなどの情報を入れることがなくなった。 ●自己表現することに対して時間や労力を使えるようになった。

過去の自分に対する思い	●過去の出来事を思い出しては、もっとうまくやれたのでは？　と後悔ばかりしていた。	●過去を思い出しても後悔せず、よくやったとほめられる。 ●今があるのは過去の努力があったからだと思える。
やめようと決めたことは	●ネガティブな考え方や自分を責めることをやめようと何度も挑戦したが、やめるのが難しかった。 ●とにかく無駄づかいしないように！　と常にお金を使わないことを心がけ、お金がなくならないようにとそればかり考えていた。	●自分を責めることなく、自分に優しい声がけができる。 ●ネガティブな言葉を、言うことも聞くこともないように心がけている。 ●自分のしたいことや欲しいものにお金を使うことを許せるようになった。
身体について	●すぐに疲れてしまい、たびたび頭痛が起こり、頭痛薬を手放せなかった。 ●無理して仕事をして大きく体調を崩していた。 ●体を強くするために、スピリチュアル系の人のアドバイスで、海外から健康食品を取り寄せていた。 ●その他にも、いろいろな健康食品に手を出しても効果が得られなかった。	●無理をしなくなり、こまめに体のケアをしている。 ●1日中歩き回っても疲れないほど強い体になった。 ●常に体への感謝を忘れず、体に感謝を伝えるようになった。 ●体にいい食べ物を意識して食べるようになった。

	●疲れきって動けない体をいつも責め、自分の体を悪く言い続けていた。 ●幼い頃から体が弱かったので、自分は体力がないと思い込んでいた。 ●常に病気になるのでは？　と不安だった。 ●婦人科系の病気になるかもと勝手に思い込み、健康系のブログやメルマガなどを意味もなくチェックしていた。 ●何をしてもなかなかやせなかった。	●頭痛薬を飲む機会がグッと減り、頭痛が起きても「ほめじゅもん」や早めの休息で治せるようになった。 ●自分の体はすばらしい力があると信じられるようになり、ブログやメルマガを見る機会が減り、自分のしたいことに時間を使っている。 ●体が弱いという思い込みがなくなった。 ●自分の意識で体形も変わるとわかり、運動を楽しみながらダイエットに取り組めている。
見た目について	●いつも疲れていて覇気がない。	●元気で笑顔でいることが多い。 ●明るい色の服を着るようになった。

総合的に見て現在の自分を肯定的に評価する

●「ほめ日記」で自分を肯定していれば、人生はよくなる一方だ、と思えるようになった。
●以前は不安や孤独感が強かったが、今は人から受け入れられていると思え、人と話すことが楽しい。
●どこにいても何をしてもきっと乗り越えられると思えるほど強くなった。
●ネガティブな状況もポジティブにとらえられるようになった。
●明るく前向きに物事に取り組めている。
●毎日「新しい自分」が生まれるのだと思えるようになり、自分の持つ「無限の可能性」を信じられるようになった。
●生きづらさを何とかしたいと10年近くもがいてきたが、わずか3年でリバウンドなく自分がこんなに変わるとは！　と驚いている。

例に挙げた「自己イメージ更新表」の「以前の自分」と「現在の自分」の違いの大きさに、どのような感想を持ちましたか。

あくまでも参考として、他人と比較するのではなく、過去の自分と比較するようにしてください。

では、具体的に「自己イメージ更新表」の書き方を説明します（172〜173ページの「自己イメージ更新表」をコピーしてご利用ください）。

・はじめて書くときは、「以前の自分」欄には「ほめ日記」をはじめた年月日を入れて、当時の自分について書いてください。

・2回目以降の「以前の自分」欄は、記入してもしなくてもOKです。1回目と同じことを記入するのもいいですし、納得のいく改善ができなかった点を記入し、「現在の自分」の欄にはそれがどう変化したかを記入するのもいいでしょう。

・記入する項目については、第1章「10のほめポイント」（50ページ〜）を参照してください。

・それぞれの項目について、ビフォー・アフターを記入し、あなたの「人生の歩みの軌跡」を味わってください。

「自己イメージ更新表」は、新しい自己イメージを頭にも心にもインプットして定着させ、次のステージに上がるための作業ですから、肯定的な感情でおこなうことをおすすめします。

新しい自分との出会いをほめたたえ、喜ぶことで、命に潜在している未知の意識がさらに目覚めてくるでしょう。

「ほめ日記」効果がアップするワーク

前述したように、「ほめ日記」は免疫力をアップし、自律神経のバランスをよくしますので、心が前向きになるだけでなく、体も元気になります。

風邪をひきにくくなった、肩こり・腰痛がラクになった、頭が軽くなった、若返った、睡眠が深くなって疲れが取れるようになったという多くの声とともに、「食事を見直しました」「ジョギングをはじめました」「タバコをやめました」などの声も届きます。

それは「自分を大切にする」という視点で自分を見るようになった「ほめ日記」効果のあらわれです。

私は自分のセミナーで、命への尊重感と自己肯定感を高めるために、命を感じ、命の声に耳を傾ける「命の体感」というボディワークをおこなっています。体の部位や細胞に感謝を伝え、心身（命）の反応（お返事）をキャッチするワークです。

これを自宅でおこなうのは難しい面があるのですが、「自宅バージョン」として、軽く体をほぐしたあとに、体への感謝、ねぎらい、ほめの言葉を伝えることを、私はおすすめしています。

「ほめ日記」とあわせておこなうことで、

・自分への愛おしさを深く感じることができる。
・神経が休まり、心身のリラックス効果が得られる。
・いい睡眠がとれるので、朝の目覚めがよくなる。
・体が望んでいること、体が拒否していることがわかるようになり、食事や運動、休養など、自然に体が喜ぶことを選択するようになる。
・自分の命の価値を心の深みで感じ取れるようになり、同時に子ども、家族、社会のすべての人の命への尊重感が高まる。

といった効果も期待できます。

コツは、気持ちを集中させて、体の中心部分に向かって鼻からゆっくり息を吐きながら「ありがとう」と伝えることです。

感謝やほめ、ねぎらい以外のことを頭の中でゴチャゴチャと考えていると、反応はキャッチできません。

ふわ～っと体が軽くなったり温かくなったり、あるいは胸いっぱい「うれしい～、

「命の体感」ワーク

①椅子に座って、背筋、首筋をまっすぐにします。深い腹式呼吸をしながら、全身を感じます。

②痛い部分、調子の悪い部分があったら、「いつもありがとう、がんばってくれているね」と、優しい言葉をかけてあげます。

③腰と首を左右にゆっくり揺らしながら、筋肉のコリの状態を感じます。ゆるんだ感じになるまで繰り返しましょう。

④首をゆっくり回しながら、毎日の首の働きに感謝を伝えます。

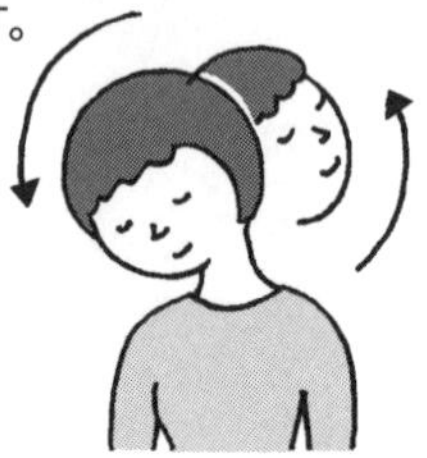

⑤肩を回しながら、コリの状態を観察し、体に感謝を伝えます。

⑥上半身の感覚の変化を感じながら、深い呼吸をし、頭の感覚が変化しているかどうか感じながら、頭(脳)の働きに感謝を伝えます。

⑦心地よい感覚をキャッチしながら、深い呼吸を繰り返します。

⑧右手を左の胸、左手は右の胸にあてて(手首が交差する形)、自分の体を優しく抱き寄せるようにして、体全体に「毎日ありがとう〜。すばらしい働きに感謝しているよ〜」と、感謝の気持ちを伝えます。

ありがとう〜」という気持ちが広がったり、優しい気持ち、幸せな気持ちが湧いてきたら、しばらく静かに味わいましょう。

「ほめ日記」同様、この「命の体感」ワークも、自分の心や体（命）を大切に扱う意識を育てながら、命が持つ力を表面化させるメソッドです。

人生をより幸福なものにするために、健康を維持し、体力を保ち、食事や睡眠に気を配ることは基本中の基本です。このような「自分を大切にする時間」を設けていれば、体や命を感じることで健康のためにやるべきことが自ずとわかってくるし、また行動する力も出てきます。

命に内在する〝未知の力〟と出合う可能性は、年齢に関係なくすべての人が持っています。このワークの繰り返しによって、「幸福な人生へと導いてくれる力」ともきっと出合えることでしょう。

第3章

体験談

「ほめ日記」で人生がこんなに変わった!

私のもとには、ほとんど毎日のように、「ほめ日記」を書いている方々から喜びのメールやコメント、ご報告が届きます。

その中から、特に皆さんに参考にしていただきたいと思う体験をお持ちの6人の方に登場していただきました。

内面の変化はもちろん、置かれた環境や「ほめ日記」に向き合う姿勢などに注目し、参考にしてください。

ただし、同じ時間、同じ内容を書いたとしても、効果については個人差があります。自分と比較するのではなく、あくまでも参考になる部分を真似したり、同じような悩みを持っている方は、励みや勇気づけとして受け止めてください。ご自身の希望につながるような読み方をしていただきたいと思います。

体験談

file No.1

Story of the experiences

将来の大成功を200%確信！

愛知県・会社員
原田正明（35歳）

人生でもっとも苦しいときに「ほめ日記」に出合い、私は救われました。もし出合っていなかったら、この世に自分の命はなかったかもしれません。

当時の自分は、日本の大学に入学したあと、夢があってカナダに留学し、その後はアメリカの大学院で学びました。

帰国してある会社に就職したのですが、そこで受けたパワハラに、私はすっかり委縮し自信を失ってしまいました。

「お前のように能力のないヤツははじめてだ」「これができなかったら殺すぞ」と言われ続けているうちに、「本当に自分は何もできない人間だ。言われるのは仕方がない。自分が悪いんだ」と思い込んでしまいました。

社会人の経験がなかったし、勉強したことはできても、必要な書類の書き方など、事務作業の基本的なことは、実際よくわからなかったのです。

とうとう心療内科に通って薬を飲むようになり、その会社は辞めました。

その後、2〜3箇所で派遣社員として働きましたが、行くところ行くところで暴言を受けました。ある会社の女性上司からは「あなた、普通なんですか。おかしいところがあるでしょう。辞めなさいよ」と、よく言われました。

言われれば言われるほど緊張し、動揺して頭が働かなくなり、人ができることができない自分を責めていました。その日1日生きるのが精いっぱいという状態でした。

「ほめ日記」を書き、手塚先生のセッションを受けるようになって、徐々に自分を取り戻し、薬も飲まなくなりましたので、このメソッドを信頼してやっていこうと希望が見えてきたのを覚えています。

セミナーにも参加し、「ほめ日記」に本気で取り組むようになってから、希望することはドンドン実現していきました。

念願だった外資系の会社の正社員になり、収入も一気に増え、与えられた仕事をこなすことができるようになりました。上司も社員も親切で、お互いの価値を認め合う関係性の中で落ちついて仕事をしながら、私は自分のエネルギーレベルが上がることで、いい環境を引き寄せるのだと実感しました。

それから約3年。出向先で私は以前の30倍くらいの仕事をこなし、上司からは高い評価をいただき、ほめ言葉をよくかけられています。

海外の顧客との交渉や難易度の高い仕事もマルチタスクで手際よくこなし、仕事の効率を上げるための工夫もしているので、時間の節約もできています。

そのおかげで望んでいた副業もはじめることができ、仕事の喜びと収入増の喜びを味わっています。

出向の期間が終わるにあたって、「このままサブとして残ってもらいたい」とグループのトップから申し出も受けました。

「辞めたらどうだ」と言われ続けていた5~6年前とは、雲泥《うんでい》の違いです。

クリエイティブに仕事ができている今の自分をとても誇りに思えるし、自己尊重、自己肯定の意識が著しく向上したことに、我ながら驚き、喜んでいます。自分をほめるというシンプルな方法が、実は命に届く深い方法だったのだと、改めて感嘆しています。

私は自己プロデュース力をさらに磨き上げ、将来はフリーで大成功する自分のことを200%確信しています。人間的には、自分だけでなく他者にも幸せになるメッセージを発信し、愛のあるおおらかさを持った人間になりたいと願っています。必ず実現するでしょう。

体験談

file No.2

Story of the experiences

共感できる自分に変わり、家族関係、人間関係が改善

神奈川県・主婦
島実花（55歳）

私は「ほめ日記」を10年以上続けています。自分を好きではなかった私が、年々「好きな自分」に近づいていくのがうれしくて、「ほめ日記」を書くことが習慣になっています。

いろいろな面でプラスの方向に変わってきましたが、一番うれしいことは、私が長い間求めていた「共感力がある人になりたい」という思いが実現したことです。おかげで、家族との関係や職場での人間関係が年々よくなっていき、今では私としては「理想的」と言えるほどになり、幸せな毎日です。

以前は、夫とケンカばかりしていましたし、子育てもうまくできませんでした。外

の人間関係でもよくトラブルを起こしていました。

夫からは「どうして人の気持ちがわからないんだ」とよく言われていました。2人の娘が小学6年生と3年生のときに「ほめ日記」をはじめたのですが、娘たちからも「なんでお母さん、そんなことがわからないの」と、いつも言われていました。私は強気で言い返していましたが、心の中では「私はどうして人の気持ちがわからないのだろう。共感するって、どういうことなんだろう」と悩んでいたのです。

どうしてそうなってしまったのか、原因を考えてみると――。

私が小学4年生のとき、父が亡くなり、その後、母は毎日夜になると泣いていました。隣の部屋で毎晩母が泣く声を聞きながら、私は「お母さんをこれ以上悲しませてはいけない。困らせてはいけない。しっかりしなければ」と、子どもらしい無邪気な自分の気持ちにフタをしてしまったからだと思います。

自分の気持ちに意識を向けることもなく、自分がわからないのに、人のことがわかるはずがありません。

「ほめ日記」では、多角的に自分を見て、肯定し、いやなことがあったら「まず自分の気持ちに共感して、それから切り替える」と教わり、こうした練習の積み重ねによって、徐々に自分のことがわかり、他の人の気持ちも理解できる私になったのです。

今では自分の考えや感覚を素直に受け入れ、判断し、行動できる喜びを感じられるし、相手の立場に立って話を聞き、共感することができます。

夫とはよく話をするようになりました。夫も優しくなりました。「お母さんに言ったって、どうせわからない」と、子どもの頃は何も話してくれなかった娘たちは、今では結婚のこと、仕事のことなど、何でも話してくれるし、困ったことがあると相談してくれます。

はたから見たら当たり前のことが、私には「新しい自分」に生まれ変わったような新鮮な気持ちで、幸せな毎日を過ごしています。

そして、今、コロナウイルスの感染拡大で世の中が不安だらけの毎日だというのに、私は心を健康に保っていられることが、とてもありがたいです。「ほめ日記」を書いてきたからだと、痛感しています。

「ほめ日記」で自分の命のすばらしさを実感し尊重して、自己肯定感を高めてきたからこそ、自分を信じてしっかりと自分と家族を守れるのだと思います。

最近の「ほめ日記」に、こんなことを書きました。

「緊急事態宣言で1日中家にいる夫とケンカもせず、穏やかに過ごしていて、なんて私は懐《ふところ》が深いんでしょう」

「マスクを手づくりするため、久しぶりにミシンを使った。よくできた、花マル！」

「外出できないけど、欲求不満になることがない。小さな幸せを探して、心の中は幸せいっぱい。豊かな心が育っている。すばらしいネ！」

体験談

file No.3

Story of the experiences

「ほめ日記」で人生が想像もしない方向に急展開！

東京都・イメージコンサルタント
武田しの（45歳）

以前の私は、自分の見た目も性格もあまり好きではありませんでした。客室乗務員にあこがれて、何年間か受験を続けましたが、そのたびに面接で不合格。自分の見た目にはコンプレックスを重ねていました。また人間関係もスムーズにいかないことが多く、常に寂しさ、生きづらさを感じていました。

自分に自信を持ちたくて、自己啓発書もたくさん読んできましたが、読んだ直後は気分が高揚して前向きになっていても、しばらくするとまたすぐに落ち込む……ということの繰り返しでした。日中は事務のパートをしながら小さな子どもたちの子育てに追われ、このまま年齢を重ねていくのが私の人生なのだと思っていました。

そんな中で、書店で偶然手にした「ほめ日記」の本。そういえば、誰からもほめられてないな……と感じていた私には、自分で自分をほめるということが、とても新鮮に感じました。

最初は、本を参考に、自分の行動を中心にほめてみることにしました。自分を好きになりたい一心でかなり真剣に書きました。手塚先生の本もすべて買って読みました。

家事や育児、毎日当たり前にやってきたことをほめてみると、「私はこんなにたくさんがんばってきたんだ。それなのに、一番それを認めてこなかったのは私自身だった」ということに気がつき、なんとも温かく幸せな気持ちになりました。続けるうちに少しずつ人間関係も好転し、気持ちが上向いてきました。

自分の感性をほめたり、コンプレックスのあった外見もほめているうちに、服の色選びや、メイクが上手にできるようになり、そうするとその日1日がとても気分がいいことに気づき、これもすかさず「ほめ日記」でほめるようにしました。すると、まわりのママ友や幼稚園児の娘からも、「ほめ日記」に書いた内容と同じ言葉でほめられることが増えたのです。

不思議だったのは、自分をほめていると、よくわからない存在が自分を励まし導いてくれている、という感覚があったことです。後にこれは「命の導き」だったとわかりました。

見た目を変えて自信がつくと、私の内面はどんどん変わっていきました。ファッションやメイクをもっと本格的に勉強したいという気持ちが湧いてきたのです。「でももう40代だし……」。私が行きたいと思ったプロ養成学校の授業料は安いものではないし、それに小さい子どもが2人いて学校に通い続けることは、現実的に不可能です。

何度もあきらめようと思いましたが、そんな私の背中を押してくれたのは、それまで「ほめ日記」に書き続けた言葉たちでした。もしも家族に反対されても、勇気を出した自分をいっぱいほめてあげればいいじゃないか。そう思って、思いきって家族に相談したところ、なんとすぐにＯＫを出してもらえたのです。

そこからの私の人生は一変しました。ただただ、めまぐるしく夢の中にいるような日々でした。

もともと私は新しいことに挑戦することは苦手なタイプなのに、あのときはまるで、それが前から決まっていたように、ハラハラドキドキしながら突き進んでいた気がします。

途中、いくつものハードルがありましたが、「ほめ日記」の力で乗り越えて、在学中に起業してしまったのです。サロンを開設し、パーソナルカラー診断、美顔バランス診断、骨格診断のプロとして「お客様を美しくする仕事」をスタートさせたのです。

起業家の外見戦略のコンサルティングや、一般の方を対象に「魅力発見」のアドバイスをさせていただいています。さらに、あれだけ見た目に自信のなかった私が、なんとモデルデビューも果たすことができました。

あの日、「ほめ日記」に出合わなければ、今の私はなかったでしょう。「ほめ日記」の体験は大切なものとして、私のブログで何度も紹介させていただいています。

体験談

file No.4

Story of the experiences

ネガティブ思考から一転、自分を愛し、受け入れられるように

岐阜県・学習塾経営
和田幸恵（43歳）

私は小学生の小さいときから、母に「あんたなんか産みたくなかった。あんたのせいでこんなに苦しい思いをしている」というようなつらい言葉をよく浴びせられました。物心ついてからずっと、母は私に父の悪口を言い続け、私を感情のはけ口にしていたのです。

母から愛情のある言葉を聞いた記憶はないし、兄姉たちからも「何もできないヤツ」として否定的な言葉を投げつけられることもよくありました。

そんな家庭の中で、私は幸せに生きるためにどうしたらいいのかわからず、ただ毎日が必死でした。心の中では母を怖い人だと思い嫌悪していましたから、甘えることもありませんでした。

小さいときから自分のことが受け入れられず、何ごとにも自信がなく、他の人のようにできない自分を許せませんでした。

そんな私が成人して変わるわけもなく、ネガティブ思考でしたから、対人関係、仕事、結婚生活、子育てと、どの場面でも苦しい、つらい、情けない……という思いに悩み続けてきました。何に対してイライラしているのかわからないくらい、毎日すごいイライラ感がありました。

ある日、「ほめ日記」に出合えました！　惹かれるものがあり、すぐ挑戦しました。けれど私が育った環境は荒《すさ》んでいて、ものごとをちゃかしたり、ひねくれて見るきらいがあり、私もその傾向が強かったので、自分をほめるなんてはじめはできませんでした。「ほめ日記」の講座に参加しても、先生の言われることが信じられませんでした。

しかしご縁があったのでしょう、何度も中断し、それでも何度目かの挑戦で真剣に書き続けていたときに、私の命が喜ぶ感覚がわかり、とても感動しました。

そうするうちに、私の気持ちはラクになっていき、それとともに夫や子どもたちが明るくなって会話も増えてきました。自分の命が喜んでいると、こんなに家族に変化があるものなのかと身をもって実感し、それによって自分の進化、成長を知りました。そうしてようやく自分のことを受け入れることができたのです!

子どもや夫への愛情は、前よりずっと大きくなりました。やりたかった学習塾を開設することもできて、やりがいをもって仕事をしている自分が夢のようです。

「ほめ日記」を真剣に書きはじめて5年が経過していました。

毎日の生活の中で、日々いろいろな問題が起きて悩むこともありますが、最近の私の心の中は、いつもわくわくしていて楽しいです。以前とは正反対で、なぜうれしいのかよくわからないのですが、毎日うれしくて仕方ないです。

もしも「ほめ日記」に出合っていなかったら、「生きていることは当たり前ではない」ということを、感動とともに知ることはなかったと思います。言葉では知っていても、頭の上を通り過ぎて、空虚な感想しか持てなかったと思います。

私は毎日「ほめ日記」を開いて、その日の自分をほめたあとで、「私の命は大切なんだ」と書いています。すると元気が湧いて、次の朝、きびきび、はつらつと動けます。

「ほめ日記」を書き続け、私は本当に変わることができました。自分を愛する方法がわかったからです。自分を心から愛することができたので、そんなひどい母親でも私にしては大恩人であり、たった1人のすばらしい母なのだと思えるようになりました。

私は自分のことは「ほめ日記」でいっぱい愛して癒やしてほめて大切にして、母のことは母として大切にしていこうという心が持てました。「ほめ日記」に出合っていなかったら、こういう気持ちには永遠になれなかったと思うので、とても感謝しております。

心を解放させ、自分の命を愛しいと思う尊重感が育てば、自己肯定感はおのずと育つのだと、身をもって体験できたことを誇りに思います。

体験談

file No.5

Story of the experiences

あがり症を克服し、「なりたい自分」になれた

鹿児島県・司会業
有園あつこ（51歳）

「ほめ日記」を知ったとき、「私は別に書かなくても大丈夫。でも、とてもよさそうだから、まわりの〝困っている人〟に教えてあげよう」という気持ちで、認定を取るためセミナーを受けていました。私は幸せだし、好きな仕事に就いている。家族や友人にも恵まれているし、これ以上何も〝変える〟必要がない、と思っていたのです。

ところが！　書いてみると〝いいこと〟がいっぱい、数えきれないほどありました。書きはじめて6年、私自身も〝変わった〟面がたくさんあり、以前の幸福とはぜんぜん質の違う、命の中からあふれ出るような幸福感を味わっています。

大きな変化は「あがり症」が克服できたことです。私は、小さい頃から古典舞踊を

続けている舞踊家でもあるのですが、舞台に立つと手が震えて、近くだけでなく舞台から遠いお客様にもはっきりとわかるほどでした。本番で手が震えては作品になりません。司会の仕事でも、毎回手が震えて、お客様に同情されるほどでした。

そこで、「ほめ日記」は「なりたい自分になれる」と聞いていたので、「ほめ日記」の日付の横に必ず「緊張しても手が震えなくなった私、すごい！」と書いて、声に出して3回読んで、そのあとでその日の「ほめ日記」を書く、ということを毎日続けました。

1カ月後の仕事で、開演直前にいつもどおり手が震えはじめたので、「大丈夫、大丈夫。私が今日の司会者に一番ふさわしい。私以上にお客様を楽しく心地よくする進行ができる司会者はいない。大丈夫、大丈夫」「ステキだよ。今日の着物も髪型もかっこいいよ」と、ほめ言葉をかけ続けました。

その結果、ステージに出たとき、一切震えることなく落ちついて言い忘れもなく、最高に心地よいインタビューができました。これは私にとってスゴイことでした。

そして半年後。舞踊の大きな舞台がありました。その頃にはほとんど震えずに仕事ができていましたので、「望みは実現する」と信じていました。結果は見事に、手が震えることはありませんでした。「落ちついた本当の自分の舞踊を踊れた」という満ち足りた思いを、私ははじめて味わうことができ、「ほめ日記」の威力に改めて感動しました。

最近の私はひらめきや直感力もついて、ラジオのパーソナリティーの仕事などに大いに役立っており、高い評価を受けるようになりました。判断力、決断力もつき、選択の迷いがなくなりました。

今まで以上に周囲とのコミュニケーションは良好で、体も健康です。「だるい」「疲れた」ということがなく、どんな日も「今日1日が喜び」という気持ちです。

今、私は「命から湧き出る幸福は、エンドレスで無限大なのだ」と実感しています。幸せな人も、幸せではないと思っている人も、誰でも「新しい自分」に出会い、エンドレスの幸せを得られる――ということを、日本中の人に知ってほしいという気持ちです。

体験談

file No.6

Story of the experiences

心の病を乗り越え、自分も家族も明るくなった

香川県・主婦
牧村亜紀（37歳）

私は子どもの頃から、親に「ああしちゃダメ、こうしちゃダメ」とうるさく言われ、親に言われるがままに生きていたので、気持ちが晴れることがありませんでした。

2歳年上の兄は反抗心が強かったので、家の中はいつも暴言が飛び交い、荒れていたため、私はいい子を演じていました。学校で特にいじめがあったわけではないのですが、17歳のとき、急に授業を受けられなくなってしまいました。ドキドキ、ムカムカして学校に行けなくなり、不登校になりました。

そのとき以来、心療内科に約20年間通い続けていました。その間、結婚し、二児を出産しましたが、パニック障害、心身症、うつ病と、心の病の苦しさを背負って生きてきました。体は思うように動かず、気持ちは沈み込んでいる毎日。家事や子育ては

当然思うようにいかず、イライラしていました。

幸い、夫が理解のある優しい人で、ゴミ出し、掃除、何でもやってくれました。休みの日には夫は子どもを連れて遊びに出かけ、私は家で寝ているという暮らしです。

あるとき、心療内科の先生から「自分をほめたり、よかったことなどをノートに書いてごらん」と言われ、本を探し、そこから私の「ほめ日記生活」がはじまりました。今からわずか7カ月前です。


書きはじめると心身の状態はグ〜ンとよくなり、そのあとマイナスのクセに気がついて落ち込んだり、とアップダウンはありましたが、徐々に気持ちが上向き、体も動くようになりました。

早くよくなりたいと思い、朝、昼、夜と1日3回「ほめ日記」を書き、「ほめじゅもん」も唱えているうちに、夫に驚かれるほど表情が明るく変わり、体調もよくなりました。

書きはじめて4カ月後に、あこがれていた「家族4人の旅行」ができたのです。ぅれしかったです。それからというもの、日に日に元気になり、家事もできるようになったし、子どもと遊ぶ時間も増えました。お化粧もしたいという気持ちも出てきてオシャレを楽しめる私にもなりました。まわりから「きれいになったね、元気になったね」とほめられています。

子どもは自分から進んで勉強や手伝いをするようになったし、家の中全体が明るくなって「本当に自分もまわりも変わるんだ」と、奇跡のように感じています。

まだ波はありますが、今、私は真剣に1日3回「ほめ日記」をつけています。後戻りはしません。何があっても絶対あきらめずに前に進みます。

「ほめ日記」のおかげでここまで幸せになれたので、絶対大丈夫という自信があります。自分の命の力を信じています。

＊

皆さんの体験を、あなたはどのように感じられたでしょうか。

日記をつけているだけで、なぜ、そんなに人生が変わっていくのか、不思議に思われたかもしれませんね。

「ほめ日記」を継続している方は、「ほめ日記は奥が深いんですね」とよく言います。「ほめ日記」自体はとてもシンプルなメソッドですが、〝自分の命の奥深さ〟に気がつくと、内面的な目覚めを促すので、その奥深さを実感するのだと思います。

私は「脳がほめ言葉を報酬として受け取り、喜ぶ」という点に、命の神秘を感じます。そこに〝生命を創造した存在の意思〟があると私は解釈しています。

前章で、自分のプラス面に意識を集中し、ほめたたえ、文字に書きあらわしていくと、脳波がα波状態になる感覚をキャッチできるようになると述べました。そのとき心の中は静まって、命が持っている無限の可能性を信じ、自分の存在を理屈抜きに〝価値あるもの〟と信じることが自然にできるようになります。

自分を価値ある存在として自己肯定感を持って人生を生きるのと、自分なんかたいしたことはないと悲観的に人生を生きるのとでは、どれほど大きな違いが生じるか、誰でも想像がつくと思います。

自分の命の奥深さを知り、自分の命を尊重・尊敬して生きる人生を、愛する人たちとともに歩みたいものです。


ここで紹介した皆さんは、お1人お1人、育った環境も違い、人生経験も違いますが、「自分を認め、尊重する意識を育てて、命の中に持っている力を引き出している」――この点が共通しているところですね。この法則はすべての人に当てはまります。

あなたも例外ではありません。

「私もやれる！」という希望と安心感をもって、「ほめ日記」を続けていただきたいと思います。

第4章 — Q&A

「ほめ日記」へのよくある質問におこたえします

Q1 自分に甘くなりませんか

自分をほめていると、自分を甘やかすダメな人間になる、あるいは弱い人間になるのではないかと心配です。『ほめ日記』を書くとたしかにやる気が出て「好きな自分」になるのですが、思いきってほめて大丈夫ですか。

A

弱くなるどころか、自分を信じて強く生きられる人になりますよ。自己肯定感が育つと、自分への自信や自立心がついてきます。

私はそういう心配をする方に、逆に質問します。「自分を責めて、欠点ばかり見ていて、あなたは強くなりましたか?」と。皆さん、首を横に振って「いいえ、苦しかったです。自分は何の価値もない人間なんじゃないかと思い詰めていました」と言います。

自分をほめることは「甘やかす」ことでなく、自分の価値を知って「大切にする」ことなのです。

そもそも多くの日本人は自分をほめるのも、ほめられるのも苦手ですね。せっかくほめられても「たいしたことないです」と否定したり、自虐的なことを言ったりします。

「失敗した」「できなかった」とマイナス面ばかりに目を向けてダメ出しをしがちで、それを〝いいこと〟と思っている人が多いのも残念なことです。

「自分責め」やマイナス言葉は脳にストレスを与え、気持ちを不安定にさせます。「ほめ日記」は、このマイナスの思考回路を細くして、「ほめ回路」を太くしっかりしたものにするのです。

そうすると、自分のプラス面に自然に目が向くようになり、自信が持てるようになります。28ページ～の「困難を乗り越える力が湧いてくる」も参照してください。

Q2 傲慢にならないか心配です

自分をほめていて、自分勝手な人間になりませんか。傲慢《ごうまん》になるのはイヤだと思うので「ほめ日記」をためらっています。

A

「自分勝手で傲慢」というのは自己中心であって、自己肯定とは違います。

自己中心は自分を尊重していない人の態度であって、むしろ自信がない人が弱い人に対して傲慢になったり、わがままになったりするケースが多いと思います。

「ほめ日記」は脳の回路が変わるので、自分のよさだけでなく、他の人のよさも自然に見えてくるようになります。無意識のうちに相手の長所に目が行き、ほめることができるようになるため、人間関係がそれまで以上に良好になります。

「夫が優しくなった」「息子がゴミ出しや洗い物をしてくれるようになった」「苦手だった上司にほめられた」など、夫婦、親子関係や職場の人間関係が好転した実例はたくさんあります。自分発の「ほめサイクル」がプラスの変化として自分に戻ってくるのです。

自己中心的では、こうはいきませんね。自分を大切にし、他の人のことも信頼し尊重する意識を育てるのが「ほめ日記」です。

Q3 反省しても変わらない自分でも効果はありますか

私は、社会や人のために貢献できる人間になりたいと思って、自分を磨くために常に反省をしてダメな部分を修正しようとしてきました。しかし、いくら反省しても欠点は修正されません。そんな私が自分をほめていいのでしょうか。

A

どんどんほめましょう。社会に貢献できる人間になりたいという崇高な志を持って生きてこられたことは、すばらしいことです。

その志がまだ実現していないとしても、「志を持って生きてきた」という点をほめましょう。そして努力をしてきたこともほめましょう。他の長所や当たり前のことも探して、毎日真剣にほめましょう。

あなたは努力してきたのですが、努力の方法がちょっと違っていただけです。反省のしすぎは、その人の力を伸ばすどころか、追い詰めてしまい、ダメな自分のイメージを大きくしていきます。ダメな自分が力を発揮するのは困難がともないますね。

子どもはもちろん、社員の育成など大人に対しても「ほめて育てる」ほうが効果があることは、脳科学的に証明されています。また、脳は主語を判断しないので、自分がほめても、人からほめられたときと同じ効果があるのです。

すでに何回も書いていますが、「ほめ日記」は自己肯定感を高めると同時に、命に内在する愛や感謝、寛容、調和の意識などを表面化させます。まわりの人にも幸せになってもらいたい、人の役に立つ仕事をしたいなどなど、誰の心にもある「利他《りた》の心」も大きくなります。

どうぞ欠点は脇に置いて、「なりたい自分像」を「ほめ日記」の最初のページに書いて、いつもそこを意識しながら、ほめ続けてください。

欠点はいつのまにか修正されるか、または出てこなくなります。プラス面が表に出てくると、あなたの〝良心〟が自然にマイナスを修正するように働いてくれます。命が持っている力を存分に発揮して、世のため人のために働いていただきたいです。

Q4 ほめるところが見つかりません

何の取り柄もない私が、何のために生きているのか、とよく考えます。「ほめ日記」を書いてみようと思うのですが、欠点ばかりで書くことが見つかりません。

A

あなたが欠点しかなくてプラス面がゼロだということは、絶対にないのですよ。欠点が1つもない人はいないし、長所が1つもない人もいません。

あなたが「何も取り柄がない」と思い込んでいるのは、生育過程でどなたかにそう言われ続けていたのかもしれませんね。

思い込みをはずし、よさを見つけて「新しい自分と出会う」喜びを味わうために、まず当たり前のことからほめましょう。54ページ～にあるように、まず体験者の真似をしてほめてみてください。

欠点だと思っていることも、見方を変えればほめるポイントになります。「仕事がのろい」は「ゆっくり丁寧に仕事をしているね」、「朝寝坊してしまった」は「眠れるって健康な証拠だよ」とほめることができます。欠点にばかり注目して欠点と闘うのではなく、プラス面に注目して、ほめて育てていきましょう。

何かほめていると「バカ、そんなことできて当たり前だ！」と頭の後ろで声が聞こえる気がして、気持ちが挫けてしまうという人もいますが、どんな声が聞こえてきても負けずにほめ続けてください。必ず「生きてきてよかった」と思うときがきます！

Q5 抑えていた怒りが出るようになってしまいました

怒りが出てきたのですが……。

以前は、怒って当然という状況に置かれても怒りが出てこないことが悩みでした。「ほめ日記」を続けているうちに、怒るべきところで無性に腹が立つようになりました。

私としてはうれしい変化なのですが、これは「ほめる」の反対みたいだし、おかしいのかなと戸惑っています。

A

これはプラスの変化ですね。

「ケンカができるようになった」と言って喜ぶ人もいます。自分のマイナスの感情を子どもの頃から抑え込んでいた人は、自分自身の感情がわからなくなったり、あるいは相手に向かうはずの怒りや憎しみの感情を無意識に自分に向けてしまったりすることがあります。また、マイナス感情を無意識に心の中に封じ込めてしまう、ということがあります。

この方の場合、自分をほめる作業によって自己肯定感が高まり、心が解放された結果、自分の感情をはっきり感じられるようになったのでしょう。感情を閉じ込めることなく解放させていくことは、本来の自分と出会うために大切なことですから、とてもいい現象が起きているのですよ。

さらに自己肯定感を高めていくと、自分のマイナス感情は感情としてきちんと認知し、閉じ込めないけれど、しかし上手に気持ちを切り替えていくという力が出てきます。

誰でも、心の中に今までの自分にはなかったことが起きてくると、「なんだか私じゃないみたい」と、妙な気持ちになるようです。

そんなときはオモシロがったり、スゴ〜イと喜んだり、ほめたり、「新しく出会った自分」と仲よくして楽しんでください。そのうち慣れてきて、〝古い自分〟には戻れなくなりますよ。

肯定と調和のエネルギーに包まれて ——エピローグ

ほめ言葉が、日本中にあふれるように！

お読みいただき、ありがとうございました。

「自分もまわりも好き」と言えるあなたは、幸せの扉を開いて望む方向に歩んで行けるあなたです。その扉の鍵が「ほめ言葉」です。

あなたが使うほめ言葉は、明るいエネルギーとなってあなたから放射され、周囲に広がり、周囲の人も幸せになっていきます。

ほめ言葉が日本中にあふれるといいなぁと思いませんか。そのためにも、あなたが使うほめ言葉は価値があり、大切なのです。

「ほめ日記」がたどった長いプロセス

1988年当時、独自のプログラム構成で「自己開発」の指導をしていた私は、誰にでもできるシンプルさで、しかも効果が絶大なメソッドを編み出したいと、日夜考えていました。

すべての命は肯定されたときにイキイキし、持てる力を発揮する――。

私の植物を使った実験や、動物の能力に関する知見を得る中で、このことに思い至った私は、プログラムに「自分をほめるワーク」を組み入れ、受講者に提供することにしました。

その後、数えきれないほどの回数のワークショップをおこない検証した結果、「自分をほめるワーク」のみで、予想を超える大きな効果を上げることがわかりました。

そのワークを「ほめ日記」と名づけて実証を積み上げ、理論化し、公開するという長いプロセスを経て、今日に至っています。かなりの年月を要しました。

その間に脳科学によって「ほめ言葉で脳が喜ぶ」ことが証明され（2008年）、「ほめブーム」が起きました。

なぜ、私が「ほめ」にこだわったかと言うと、ちょっとしたエピソードがあります。「自分は何のために生まれてきたのか」という問いの答えを求めて、10代から仏教を学び、座禅の指導を受け、実践を続けながら、私は1つの大きな疑問にぶつかりました。

お釈迦様は、すべての人は「仏性」を持っていて「大いなる存在」とつながっている。「自分をよりどころとして生きなさい」と教えているのに、日本社会では自己に否定的で、むしろそれが美徳とされているのはおかしい、という疑問です。

自分の人生を生きるのに、自分を否定していては、「自分をよりどころにして生きること」などできるはずがない。自分を神仏の子として尊重し、肯定することで人は幸せになるはずだ、と私は思い続けていました。

この私の考えと、先に述べた植物の実験などで得た気づきとが、ピタリと一致したので、「自分をほめたらどうなるか」という実証をはじめたという経緯があるのです。

ともに喜びを分かち合う「生命肯定の法則」

本書では、主に脳科学の観点から「『ほめ日記』がなぜいいのか?」を説明してきましたが、私が考案した頃は「宇宙の法則(生命肯定の法則)」の観点から説明していました。それを図にしたものが次ページのものです。

私たちの命は大きな宇宙自然の一部分です。この広大な宇宙のエネルギー(意識)は、肯定と調和のエネルギーだといわれています。地球上のすべての生命はこのエネルギー(意識)に包まれ、肯定され、つながっているのですから、私たち1人ひとりの命にも「自分の生命を肯定し調和する意識」が組み込まれています。

そのような尊い生命に対し、否定的な意識を向けていると、〝宇宙の肯定エネルギー〟(愛のエネルギー)と波長が合わなくなってきます。そのため、苦しみや生きづらさを生み出してしまうのです。

自分の命をほめたたえ、尊重する肯定意識を持つことで、自分の命の能力が発揮され、愛や調和の意識が育ち、幸せに生きられる――これが宇宙の法則であり生命肯定の法則なのです。

宇宙の法則（生命肯定の法則）

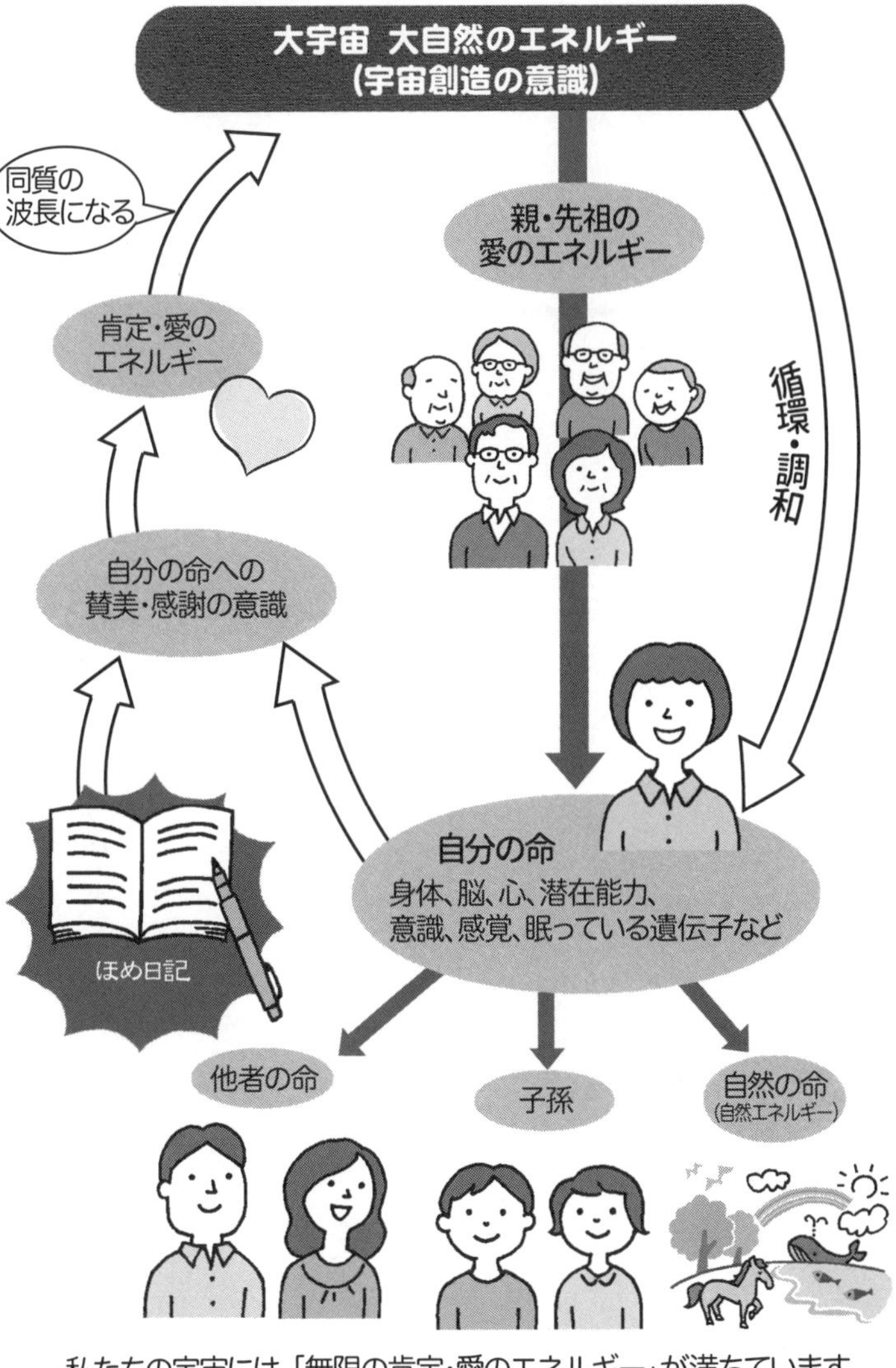

私たちの宇宙には、「無限の肯定・愛のエネルギー」が満ちています。

自分の波長を大いなる宇宙意識の波長と合わせ、調整するのが「ほめ日記」です。

本書の内容を丁寧に実践されると、この法則を、知識としてではなく、内的な感動をともなう実感として〝知る〟ことができます。

これは宇宙の真理なので、すべての人は心の深みで「知っている」ことです。これを表面化させて〝知る〟かどうかで人生は大きな差が出てきます。

幸せで心豊かな人生を生きるのか、あるいは生きる意味がわからず自己否定的な人生を生きるのか、それくらいの違いを生じさせるものだと思います。

自分の心身に、宇宙の肯定エネルギー（愛のエネルギー）が満ちれば、心の幸せや喜びの多い人生を送ることができるのです。

それは自分だけではなく、家族や愛する人たちとともに喜びを分かち合う関係をつくり、社会全体、世界全体にそのエネルギーを広げる力になるのです。

「先生は『ほめ日記』をいつ書いているんですか」などの質問を受けることがたまにありますので、最後に、私の「ほめ日記ライフ」をお教えしましょう。

「ほめ日記」はバッグに入れて持ち歩き、いつでもどこでも時間ができたら書く、というスタイルです。手帳にも書きます。

夜は「疲れた〜」と思ったら、すかさず「よく働いたね、お疲れさま、がんばったね〜」などと体をほめ、「今日も1日　よく生きた〜♪」と「ほめソング」（著者の作詞・YouTubeで公開中）を口ずさみ、1日の充実感を味わうようにしています。

就寝前は、先の「宇宙の法則」の図を頭に浮かべ、大宇宙大自然のエネルギー（意識）とつながっている自分の命に感謝を伝え、宇宙意識に感謝し、親や先祖、家族、つながっているすべての命に感謝します。といっても、自然にそういう思いが湧いてくるので、義務感でおこなうわけではありません。

皆さんも気が向いたら、なさってみてください。命への思い方や安心感が違ってくると思います。

本書を手にされたすべての方々がお幸せでありますように、そして幸せの輪が大きく広がりますように、心から願い、あなたに愛の念を送ります。

手塚千砂子

自己イメージ更新表

	以前の自分（　年　月　日）	現在の自分（　年　月　日）
内面		
行動		
感覚・感性		
発想・考え方		
努力について		

過去の自分に対する思い

やめようと決めたことは

身体について

見た目について

総合的に見て現在の自分を肯定的に評価する

本書は『「ほめ日記」効果って、何?」』(2016年・三五館刊)に
大幅な加筆・修正を加えてリニューアルしたものです。

著者紹介

手塚千砂子　（てづか ちさこ）
一般社団法人自己尊重プラクティス協会代表理事、セルフエスティーム・コーチ&カウンセラー。自己肯定感、自己尊重感を育てるためのトレーナーとして、各地の自治体や団体、サークルなどで、セミナー、講演などを行う。何千回ものワークショップと長年の研究を経て、効率的に自己肯定感を育てるためのプログラムを開発。その１つである「ほめ日記」は10万人が実践し、仕事力のアップや人間関係の改善、ストレス解消など、多くの人が効果を実感している。『「ほめ日記」をつけると幸せになる！』(KADOKAWA)、『たった１行　書くだけで毎日がうまくいく！「ほめ手帳」』(小社刊)など著書多数。
ホームページ「ほめ日記」研究所
http://homenikki.in.coocan.jp

1日《にち》3分《ぷん》の幸《しあわ》せ発見《はっけん》メソッド
自分《じぶん》もまわりも好《す》きになる「ほめ日記《にっき》」

2020年９月１日　第１刷

著　　者　手塚千砂子《てづかちさこ》

発 行 者　小澤源太郎

責任編集　株式会社 プライム涌光
電話　編集部　03(3203)2850

発 行 所　株式会社 青春出版社
東京都新宿区若松町12番１号 〒162-0056
振替番号　00190-7-98602
電話　営業部　03(3207)1916

印　刷　中央精版印刷　製　本　フォーネット社

万一、落丁、乱丁がありました節は、お取りかえします。

ISBN978-4-413-23166-4 C0095